正义者毋庸向非正义者低头。

法治公开课
RULE OF LAW
PUBLIC CLASS

"昆山砍人案"与正当防卫

本书编写组 编

人民出版社

出 版 说 明

2018 年 9 月，最高人民法院发布《关于在司法解释中全面贯彻社会主义核心价值观的工作规划（2018—2023）》。《规划》指出：要在司法解释中大力弘扬正义、友善、互助的社会主义核心价值和道德要求。要适时出台防卫过当的认定标准、处罚原则和见义勇为相关纠纷的法律适用标准，鼓励正当防卫，保护见义勇为者的合法权益，弘扬社会正气。

为了更好地贯彻落实最高人民法院的有关精神，我们组织编写了这本《"昆山砍人案"与正当防卫》。"昆山砍人案"作为公民正当防卫权扩展的标志性案件，体现了司法的担当，让正当防卫权真正从法条照进现实。这是"法治的胜利"，也是一堂生动的"法治公开课"。

人民出版社
2018 年 9 月

目　录

第一部分　警情通报与分析意见

正义者毋庸向非正义者低头。

正当防卫权是「自然权」，

即人与生俱来的权利。

昆山市公安局关于"昆山砍人案"的警情通报

2018 年 9 月 1 日，昆山市公安局、昆山市人民检察院发布于海明致刘海龙死亡案处理结果。昆山市公安局表示，于海明的行为属于正当防卫，不负刑事责任，对该案作出撤销案件决定。

警方通报

2018 年 8 月 27 日昆山市震川路于海明致刘海龙死亡案，备受社会舆论关注。公安机关经过缜密侦查，并商请检察机关提前介入，现就该案件调查处理情况予以通报。

一、案件基本情况

2018 年 8 月 27 日 21 时 30 分许，刘海龙驾驶宝马轿车在昆山市震川路西行至顺帆路路口，与同向骑自行车的于海明发生争执。刘海龙从车中取出一把砍刀连续击打于海明，后被于海明反抢砍刀并捅刺、砍击数刀，刘海龙身受重伤，经抢救无效死亡。

二、侦查认定事实

接到报警后，昆山市公安局立即出警处置并立案侦查。鉴于此案社会关注度高，江苏省公安厅、苏州市公安局第一时间派出力量赴昆山指导案件侦办工作。经现场勘查、走访调查、询问讯问、视频侦查和检验鉴定等工作，案件事实已经查清。

（一）涉案人员情况

刘海龙，男，36 岁，甘肃省镇原县人，暂住昆山市陆家镇某小区，案发前在昆山市陆家镇某企业打工。

于海明，男，41 岁，陕西省宁强县人，暂住昆山市青阳路某小区，案发前在昆山市某酒店工程部工作。

案发时刘某某（男）、刘某（女）、唐某某（女）与刘海龙同车。刘某某参与殴打于海明，被依法行政拘留十日；刘某、唐某某下车劝解，未参与案件。于海明同行人员袁某某，未参与案件。

（二）认定主要事实

1.案件起因。案发当晚，刘海龙醉酒驾驶皖 AP9G57 宝马轿车（经检测，血液酒精含量 87mg/100ml），载刘某某、刘某、唐某某沿昆山市震川路西行至顺帆路路口时，向右强行闯入非机动车道，与正常骑自行车的于海明险些碰擦，双方遂发生争执。

2.案件经过。刘某某先下车与于海明发生争执，经同行人员劝解返回车辆时，刘海龙突然下车，上前推搡、踢打于海明。虽经劝架，刘海龙仍持续追打，后返回宝马轿车取出一把砍刀（经鉴定，该刀为尖角双面开刃，全长 59 厘米，其中刀身长 43 厘米、宽 5 厘米，系管制刀具），连续用刀击打于海明颈部、腰部、腿部。击打中砍刀甩脱，于海明抢到砍刀，并在争夺中捅刺刘海龙腹部、臀部，砍击右胸、左肩、左肘，刺砍过程持续 7 秒。刘海龙受伤后跑向宝马轿车，于海明继续追砍 2 刀均未砍中，其中 1 刀砍中汽车（经勘查，汽车左后窗下沿有 7 厘米长刀痕）。刘海龙跑向宝马轿车东北侧，于海明返回宝马轿车，将车内刘海龙手机取出放入自己口袋。民警到达现场后，于海明将手机和砍刀主动交给处警民警（于海明称，拿走刘海龙手机是为了防止对方打电话召集人员报复）。

3. 案件后果。刘海龙逃离后，倒在距宝马轿车东北侧 30 余米处的绿化带内，后经送医抢救无效于当日死亡。经法医鉴定并结合视频监控认定，在 7 秒时间内，刘海龙连续被刺砍 5 刀，其中，第 1 刀为左腹部刺戳伤，致腹部大静脉、肠管、肠系膜破裂；其余 4 刀依次造成左臀部、右胸部并右上臂、左肩部、左肘部共 5 处开放性创口及 3 处骨折，死因为失血性休克。

于海明经人身检查，见左颈部条形挫伤 1 处，左胸季肋部条形挫伤 1 处。

三、案件定性及理由

根据侦查查明的事实，并听取检察机关意见和建议，依据《中华人民共和国刑法》第二十条第三款"对正在进行行凶、杀人、抢劫、强奸、绑架以及其他严重危及人身安全的暴力犯罪，采取防卫行为，造成不法侵害人伤亡的，不属于防卫过当，不负刑事责任"之规定，于海明的行为属于正当防卫，不负刑事责任，公安机关依法撤销于海明案件。主要理由如下：

（一）刘海龙的行为属于刑法意义上的"行凶"。根据《刑法》第二十条第三款规定，判断"行凶"的核心在于是否严重危及人身安全。司法实践中，考量是否属于"行凶"，不能苛求防卫人在应急反应情况下作出理性判断，更不能以防卫人遭受实际伤害为前提，而要根据现场具体情景及社会一般人的认知水平进行判断。本案中，刘海龙先是徒手攻击，继而持刀连续击打，其行为已经严重危及于海明人身安全，其不法侵害应认定为"行凶"。

（二）刘海龙的不法侵害是一个持续的过程。纵观本案，在同车人员与于海明争执基本平息的情况下，刘海龙醉酒滋事，先是下车对于海明拳打脚踢，后又返回车内取出砍刀，对于海明连续数次击打，不法侵害不断升级。刘海龙砍刀甩落在地后，又上前抢刀。刘海龙被致伤后，仍没有放弃侵害的迹象。于海明的人身安全一直处在刘海龙的暴力威胁之中。

（三）于海明的行为出于防卫目的。本案中，于海明夺刀后，7秒内捅刺、砍中刘海龙的5刀，与追赶时甩击、砍击的两刀（未击中），尽管时间上有间隔、空间上有距离，但这是一个连续行为。另外，于海明停止追击，返回宝马轿车搜寻刘海龙手机的目的是防止对方纠集人员报复、保护自己的人身安全,符合正当防卫的意图。

四、其他相关问题

(一)关于网传刘海龙是"天安社"成员的核查情况。经侦查确认,刘海龙与"天安社"没有关系;未发现"天安社"在昆山市有过活动。

(二)关于网传刘海龙可能涉黑的调查情况。刘海龙2006年8月来昆山打工,案发前与女友租住在昆山市陆家镇某小区49.1平方米的公寓。在昆山期间,因殴打他人、故意损毁财物、故意伤害等违法犯罪行为,被处1次行政拘留和3次九个月至三年不等的有期徒刑,公安机关目前未发现刘海龙有涉黑犯罪行为。

(三)关于刘海龙所驾驶宝马轿车情况。经调查确认,案发时刘海龙驾驶的宝马轿车登记车主为浙江某租赁公司合肥分公司,系刘海龙以其女友名义,于2018年6月从上海某二手车市场以贷款方式购得,首付12.7万元,贷款32.7万元。案发后,经现场勘查,车内未发现其他违禁品。

(四)关于网传刘海龙获见义勇为荣誉证书情况。

此情况属实。2018年3月，刘海龙因提供重要线索，协助抓获贩毒嫌疑人，昆山市见义勇为基金会依规为其颁发见义勇为荣誉证书并奖励500元。8月29日，昆山市见义勇为基金会已对此作出回应。

以上案情及调查处理情况特此通报。感谢广大网友和社会各界对昆山公安工作的关心支持！

昆山市公安局

2018年9月1日

（人民网，2018年9月1日）

江苏省人民检察院关于
"昆山砍人案"的分析意见

我国《刑法》第二十条第三款规定："对正在进行行凶、杀人、抢劫、强奸、绑架以及其他严重危及人身安全的暴力犯罪，采取防卫行为，造成不法侵害人伤亡的，不属于防卫过当，不负刑事责任。"根据本案事实及现有证据，检察机关认为于海明属于正当防卫，不负刑事责任。

一、刘海龙挑起事端、过错在先

从该案的起因看，刘海龙醉酒驾车，违规变道，主动滋事，挑起事端；从事态发展看，刘海龙先是推搡，继而拳打脚踢，最后持刀击打，不法侵害步步升级。

二、于海明正面临严重危及人身安全的现实危险

本案系"正在进行的行凶"，刘海龙使用的双刃尖角刀系国家禁止的管制刀具，属于刑法规定中的凶器；其持凶器击打他人颈部等要害部位，严重危及于海明人身安全；砍刀甩落在地后，其立即上前争夺，没有放弃迹象。刘海龙受伤起身后，立即跑向原放置砍刀的汽车——于海明无法排除其从车内取出其他"凶器"的可能性。砍刀虽然易手，危险并未消除，于海明的人身安全始终面临着紧迫而现实的危险。

三、于海明抢刀反击的行为属于情急下的正常反应，符合特殊防卫要求

于海明抢刀后，连续捅刺、砍击刘海龙 5 刀，所有伤情均在 7 秒内形成。面对不法侵害不断升级的紧急情况，一般人很难精准判断出自己可能受到多大伤害，然后冷静换算出等值的防卫强度。法律不会强人所难，所以刑法规定，面对行凶等严重暴力犯罪进行防卫时，没有防卫限度的限制。检察机关认为，于海

明面对挥舞的长刀，所做出的抢刀反击行为，属于情急下的正常反应，不能苛求他精准控制捅刺的力量和部位。虽然造成不法侵害人的死亡，但符合特殊防卫要求，依法不需要承担刑事责任。

四、从正当防卫的制度价值看，应当优先保护防卫者

"合法没有必要向不法让步"。正当防卫的实质在于"以正对不正"，是正义行为对不法侵害的反击，因此应明确防卫者在刑法中的优先保护地位。实践中，许多不法侵害是突然的、急促的，防卫者在仓促、紧张状态下往往难以准确地判断侵害行为的性质和强度，难以周全、慎重地选择相应的防卫手段。在事实认定和法律适用上，司法机关应充分考虑防卫者面临的紧急情况，依法准确适用正当防卫规定，保护防卫者的合法权益，从而树立良好的社会价值导向。本案是刘海龙交通违章在先，寻衅滋事在先，持刀攻击在先。于海明面对这样的不法侵害，根据法律规定有实施正当防卫的权利。

社会各界对这起案件给予了极大关注，尤其是广大网民、专家、学者、律师积极提出意见建议，理性

表达观点诉求，促进了案件的依法办理，江苏检察机关表示衷心感谢。

人身安全是每个公民最基本的要求，面对来自不法行为的严重紧急危害，法律应当引导鼓励公民勇于自我救济，坚持同不法侵害作斗争。司法应当负起倡导风尚、弘扬正气的责任，检察机关也将会依法保障人民群众的正当防卫权利，切实维护人民群众合法权益。

（江苏检察在线微信公众号，2018 年 9 月 1 日）

第二部分　法律规定

《中华人民共和国刑法》关于正当防卫的规定

正义者毋庸向非正义者低头。

正当防卫权是「自然权」，

即人与生俱来的权利。

《中华人民共和国刑法》
关于正当防卫的规定

第二十条　【正当防卫】为了使国家、公共利益、本人或者他人的人身、财产和其他权利免受正在进行的不法侵害，而采取的制止不法侵害的行为，对不法侵害人造成损害的，属于正当防卫，不负刑事责任。

正当防卫明显超过必要限度造成重大损害的，应当负刑事责任，但是应当减轻或者免除处罚。

对正在进行行凶、杀人、抢劫、强奸、绑架以及其他严重危及人身安全的暴力犯罪，采取防卫行为，造成不法侵害人伤亡的，不属于防卫过当，不负刑事责任。

第三部分　专家点评

北京大学教授车浩点评：正当防卫不是拳击比赛
而是抗击侵略

中国政法大学教授阮齐林点评：法律需要与公民
共同向违法犯罪作斗争，不法侵害人是法律和
防卫人的共同敌人

正义者毋庸向非正义者低头。

正当防卫权是「自然权」，

即人与生俱来的权利。

北京大学教授车浩点评：
正当防卫不是拳击比赛
而是抗击侵略

全民瞩目的昆山砍人案，已经被警方认定为正当防卫撤案了。无论如何，还是要为江苏警检两家点个赞。熟悉中国司法现实的人都明白，实践中认定正当防卫很不容易。只不过，不可能每个案件都得到昆山案这样的舆论支持，体制内的司法人员也很难有担当突破的动力。

这边，大家在为昆山案的突破欢呼，那边，网上已经流出多起案件文书，在晚近一两年内被最高人民法院驳回申诉，判定不成立正当防卫。无法看到全部案情，不好评论。但从一些关键性字句的表述上面，仍然能感受到，与昆山案撤案理由有诸多抵牾之处。

所以，道路既阻且长。接下来，更重要的事情，还是要超越昆山个案，关注正当防卫的基本理念与一般性规则的更新和确立。对此，简单谈以下三点看法。

一、评价防卫人不能基于事后的全能视角，而要基于事中的一般人视角

在涉及防卫的场合，对防卫人的评价，必须返回到事发当时。司法者应当设身处地，先构想出一个具有社会平均程度的理智、情感和经验的人，再让这个"一般人"灵魂附体到防卫人身上，睁开双眼，面对事发当时的处境，想象这个一般人可能会做出哪些反应，是能够被法秩序所期待、接受或容忍的。最后，才能正确评价个案中防卫人的反应，是否处在上述合理反应的区间之内。

这事儿说起来简单，似乎人皆可做，但实际上，对司法者的经验智慧要求很高。因为这里的"一般人"，是指处在案发现场面对突发侵害的一般人，而不是平时处在正常社会秩序中的一般人。司法者往往需要通过接触大量的犯罪人和被害人，深入现场和卷宗材料中的大量细节，才能对犯罪现场的真实人性积累认识进而平均构想。

即使事后查明发现，防卫动作超越了必要限度，但是，也不能完全以这种事后立场，来评价事发当时的防卫人。因为，处在案发现场，防卫人不仅不可能

具备全知全能的上帝视角，而且连那种平时处在正常社会秩序中的一般人的理智、冷静和判断力也难以满足。这也是为什么德国刑法典第 33 条如此规定的原因："防卫人由于慌乱、恐惧、惊吓而防卫过当的，不负刑事责任。"

综上，司法者在个案中想象一般人面对侵害的反应时，不能从事后的视角，而是必须假定处在案发现场。而且，要以案发现场当时的"一般人"的理智与判断力，而非处在正常社会秩序中的"一般人"的理智与判断力，去评价防卫人。

二、侵害是否结束要看侵害人是否已丧失侵害能力，明确放弃侵害意图

《刑法》第二十条第三款规定："对正在进行行凶、杀人、抢劫、强奸、绑架以及其他严重危及人身安全的暴力犯罪，采取防卫行为，造成不法侵害人伤亡的，不属于防卫过当，不负刑事责任。"

在类似昆山案中，侵害人实施拳脚攻击后又使用凶器，即使是用刀面"击打"也有随时转为"捅刺"和"砍杀"的可能性，这种侵害行为明显可以被评价为"行凶"，符合第二十条第三款无限防卫权中关于

侵害强度的条件，因而杀死侵害人的防卫结果，也为刑法所允许。

现在的关键问题是，刑法规定只有对"正在进行"的侵害，才允许防卫。如何理解"正在进行"？

例如，在昆山案中，视频显示，于海明用刀捅刺刘海龙两刀后，刘海龙倒地，于海明冲上去砍击一刀，待刘海龙坐起时，于海明又砍击一刀，刘海龙站起来后，于海明又砍击一刀。最后，刘海龙转身朝汽车方向跑，于海明追砍两刀（按警方公布的案情，该两刀未砍中）。

那么，刘海龙被捅刺两刀倒地之后，侵害是否已经结束？于海明之后的几刀，是否针对"正在进行"的侵害？本案是否属于事后防卫？以后类似案件，又应当遵循什么样的规则？

我认为，在类似问题上，要把握三点综合判断。

第一，侵害人是否已经脱离"当场"。

这里的当场，是一个在个案中综合考虑时空因素的概念。

一是空间因素。如果侵害人的逃跑路线，在空间上已经远离了打斗现场，而防卫人穷追不舍，甚至一路追杀几公里到对方家里，即使事后查明侵害人是打算回家取枪再返回现场二度侵害，但是这种侵害人已经在空间上明显脱离第一现场的情形，也不可能构成一个"正在进行"的侵害。

　　二是时间因素。即使侵害人在空间上没有远离，但在现场始终处于逃跑回避状态时（可能是围着汽车等障碍物跑进行躲避），也不能构成一个"正在进行"的侵害。如果防卫人在现场绕圈坚持追逐几个小时之后，终于将侵害人砍杀，应当认为由侵害人之前发起的侵害已经结束。这种在现场长时段追杀逃跑者的行为，超出了时间限度，消解了一个"正在进行"的侵害，属于事后防卫。

　　在昆山案中，根据现场视频和警方公布的案情，即使是于海明追砍刘海龙的最后两刀，也是靠近宝马车周边，空间上处在案发现场。之前于海明捅刺、砍击刘海龙的五刀，用时7秒。防卫人的反击显然是极短时间内在现场完成的，因此该案不存在侵害人已经脱离现场的问题。

　　第二，侵害人是否丧失侵害能力。

　　如果在遭遇防卫后，侵害人没有逃离现场，那么，侵害人是否丧失侵害能力，是否存在再度反攻的可能性，是防卫人能否持续防卫的重要因素。**再次重申，这里要从案发当时处在现场的一般人（甚至更严格的标准是从防卫人个人）的视角来看，而不能完全**

从一个事后客观的角度进行评价。

例如，侵害人倒地后又挣扎着要爬起来，即使事后查明，侵害人当时已经伤势严重到不可能继续打斗，只是做个样子而已，但是，只要处在案发现场的一般人都会认为，侵害人打算且有可能反扑，自己仍有被攻击的风险，就应当认定不法侵害"正在进行"，就应当允许防卫人继续防卫。退一步讲，即使事后来看，这种情形确实属于"假想防卫"，也应当根据不可避免的错误理论，免除防卫人的责任。

在昆山案中，于海明抢刀后捅刺刘海龙的两刀，时间和强度上，都不会有太大争议。可能的争点之一是，刘海龙被于海明捅刺两刀后，倒地又站起来的过程中，于海明又连续砍击了三刀。这三刀是否适时？我认为，回答应当是肯定的。

从现场视频来看，刘海龙被刺两刀后，并未表现出一种已经陷入完全丧失反击和侵害能力的状态，而是又迅速爬了起来。对此，由刘海龙启动的不法侵害，就不能认为已经结束。在刘海龙爬起来的过程中，于海明又砍击了三刀，就属于针对"正在进行"的不法侵害。随后的事实也证明，刘海龙站起来后，还与于海明有一个简短的对峙状态，又被砍一刀后才转身逃离。

至此，即使一般人事后观看视频，也看不出刘海龙在转身逃离之前，已经彻底丧失了侵害能力，对于处在案发现场的于海明，就更不能得出"明知对方已经没有侵害能力仍然攻击"的结论。因此，于海明在这 7 秒内捅刺砍击的 5 刀，针对的始终是一个"正在进行"的不法侵害，这一点，不会因为刘海龙在此过程中曾经受伤倒地而有所改变。

另外一点争议，是追砍的两刀。根据警方公布的案情，最后两刀没有砍中。

不过，在我看来，砍中与否，都不影响不法侵害没有结束的认定。一方面，刘海龙跑向的，是靠近曾经从中取出砍刀行凶的宝马汽车。即使事后查明，该汽车内并无其他凶器，但是，如前所述，从处在案发现场的一般人的事中视角来看，无法排除刘海龙从车内取出其他凶器再度反扑的可能性。另一方面，根据警方公布的案情，刘海龙被追砍两刀后，跑离开汽车，又持续跑了 30 余米，才最终倒地。这也说明，刘海龙在被追砍当时，没有表现出完全失去反抗和攻击能力的状态。

因此，在这种情况下，于海明追砍的两刀，面对的是一个一般人在当时都难以确定是否已丧失侵害能力的侵害发起人，对此，应当认定不法侵害没有结束，而是"正在进行"。最后两刀即使砍中，也属于正当防卫。

第三，侵害人是否放弃侵害意图。

在遭遇防卫后，侵害人的言行是否表现出其仍有继续侵害或反击的意图，是认定防卫人能否持续防卫的另一个因素。在类似昆山案件中，一个无法通过视频了解但非常重要的事实细节，就是侵害人在被追砍逃离的过程中，嘴里到底说了什么话。人们可以看见监控视频的图像，但它是无声的。

从生活经验来看，在这种突发且有反转情况的现场，双方展开激烈对抗时，往往不会沉默地厮打。特别是像昆山案中这类侵害人，酒后咋咋呼呼地出场，主动挑衅攻击，未能压服对方后，又取得砍刀后返回加重侵害力度，伴随着这些举止，侵害人通常都会发表一些辱骂和威胁的言论。

那么，在遭遇防卫人反击的过程中，侵害人是否会保持沉默？视频上看不出。一般来说，有几种可能。一是继续威胁辱骂，二是认输讨饶，三是被砍傻了不吭声。

如果是第一种情形，侵害人在倒地或逃跑时，仍然不服地谩骂甚至表示"等下我弄死你"之类的威胁言论，这至少对外表现出，侵害人受挫是暂时的，他意图伺机反攻。因此，他的倒地和逃跑，均不能充分证明他打算结束由他发动的侵害。除非侵害人陷入一个相当明显可见的重伤倒地完全无力的状态，只是图个"嘴硬"，否则，就可以支持防卫人继续防卫。

相反，如果侵害人在倒地或逃跑时，积极大声地求饶认输，发表诸如"大哥我错了，我再也不敢了，你饶了我吧"之类的认怂言论，甚至跪地求饶，司法者就应当格外慎重地考虑继续防卫追杀的必要性。

虽然，也不能完全排除这可能是狡猾者伺机反扑的缓兵之计，但是，至少在这种情况下，还需要防卫人一方举证，说明对方放弃侵害意图的不可信和虚假性。这也是避免防卫权被滥用的一个路障。

谈生活经验的话，通常一个喜欢拉风出场、寻衅滋事、任意欺辱他人的人，在突然遭遇强硬反击后，可能拉不下面子在众目睽睽之下扑通跪倒，忏悔求饶。有这种能屈能伸、翻手装 × 覆手认怂的本事，都可以当韩信了，也不至于暴毙街头。

三、观念更新：正当防卫不是拳击比赛而是抗击侵略

以昆山案为例，针对实践中经常出现的"侵害是

否结束"或者"防卫是否适时"的问题，我提出了几条判断规则。

现在要说的是，为什么应当树立这样的规则？

显然，如何理解《刑法》第二十条规定的"正在进行的不法侵害"，确实存在一个见仁见智的解释空间。因为，对不法侵害的起点和始点的界定，不能依照一般的构成要件行为的着手和既遂的标准。这就在既有的比较稳定的教义学规则之外，又提出了新的解释任务。而这一任务，在理论上向来呈现开放之势，也因此，实践中做法不一，存在混乱。

"正在进行"是一个原则性规定，在这个弹性空间范围之内，确立何种具体规则，选择余地很大，不能简单地说，哪种规则就是法律唯一正解，相反规则就是违反法律，或者突破法治。此时，在正当防卫问题上的整体性的价值观念，往往就决定了司法者选择什么样的具体标准和规则。

我认为，在司法实践中，很多案例不被认定为正当防卫，背后的支配性观念，是司法者把侵害人与防卫人之间的争斗关系，自觉或不自觉地类比于拳击比赛，因而无形中在适用"Fair Play"的比赛规则。简言之就是，对方先用拳头打你，你也只能用拳头回击；对方不打了，你也得停止反击。在我看来，这种将防卫场景视作拳击比赛的潜在观念，是影响到正当防卫成为僵尸条款的重要原因之一，必须受到质疑和批判。

在包括拳击比赛在内的各种体育竞赛的场合，竞技双方进入赛场进行对抗的前提，是出于自由意志而接受潜在的比赛风险。对于在双方均接受的比赛规则下出现的伤害后果，是基于被害人同意或推定同意的法理而得到正当化。

按照这种自由意志选择而设立的公平比赛的规则，当然就是双方武器对等，点到为止，只分输赢，不分生死。只要对方一停，另一方的进攻也应当停止。因为比赛规则之下，双方都明白对方进退的尺度和分寸。

但是，在防卫的场合，起源、意志和规则完全不同。

就侵害人一方而言，当他实施不法侵害时，就意味着他已经基于自我决定，违反了法秩序要求的"不得侵害他人"的义务，由此进入一个可识别和能预料的规范设定的遭遇防卫反击的风险之中。这一风险的现实化，应看作侵害人人格自由的展开，刑法不应当再对其进行保护，由此产生的后果，根据自我答责的原理由侵害人自己承担。

侵害人实施何种强度的侵害，就应当预料和承受相应强度的反击；他实施了《刑法》第二十条第三款所列的"行凶、杀人、抢劫、强奸、绑架以及其他严重危及人身安全的暴力犯罪"，就意味着自愿签订了一份被反击致死的同意书。

相反的是，对遭受侵害者而言，他的防卫不是基于自由意志主动选择，而是被动地卷入由侵害人单方发起的侵略中，为了保护自己的利益而不得不应战。所谓"不法侵害"，也正是由于缺乏对攻的合意，才与打架互殴区别开来。在这种情况下，防卫人是被侵害人牵着走的一方，既没有主动攻击的意愿，也难以清楚准确地评估，对方是否会加大侵害强度和持续侵害意图。

按照拳击比赛规则，若有一方倒地后，裁判喊停，另一方即不能再行攻击，而要等对方爬起来表示还有战力后，再重新开战。在司法实践中，那种认为遭遇反击的侵害人一旦逃跑或倒地后，侵害即告结束，防卫就必须停止的观点，是把犯罪现场想象成了拳击比赛。

问题是，比赛喊停的目的，是鼓励双方只要还能打，就恢复到公平状态下继续打。而刑法认定"侵害结束"的目的，恰恰是希望双方彻底停止争斗。这在本质上是完全不同的。

如果按照比赛规则去认定防卫，就会导向一个完全不可欲的结果。因为侵害本来就是由侵害人发起，由他的意志支配，如果过早裁定侵害停止，要求防卫人放弃防卫，但侵害人再度发动侵害的话，此时，法律能赶到现场吹哨喊停吗？如果防卫人因为放弃防卫而失去了局面优势，结果在侵害人背信弃义地转身再度侵害时遇难，此时，法律能为死者颁发一个"Fair Play"的体育精神勋章吗？

这些年来，多少强奸后又杀人灭口的案件，如果被害人被强奸后趁着犯罪人穿衣服不注意时突然袭击杀死对方，按照现在通行的理解，犯罪人强奸的不法侵害已经结束了，在其没有表现出要实施杀人行为之前，被害人的袭杀，很可能就会被认定为是防卫不适时。这实在是让人愤懑又无力的逻辑。

犯罪现场，本来就没有不得加重侵害或反复侵害的规则。因为不法侵害一旦发动，就意味着侵害人已经打算进入不遵守任何规则的法外之地。何况现场又没有裁判，对违反规则者叫停。

作为防卫人，只有让对方丧失侵害能力或者明确表达放弃侵害的意图，才能做到自保，才能避免自己陷入难以预料的加重侵害和反复侵害之中。在此之前，他都应当被允许因为"不法侵害正在进行"而持续防卫。这就是防卫规则与比赛规则完全不同之处。

因为，如果有人通过"不法侵害"，突破了法律约束，把你带入一个无法及时得到法律保护的险境中，这种未经同意，侵入一个公民的权利领域的行为性质，就是一种由个体发动的侵略。此时，你面对的就是一个人的战争。

此时，应当适用的不是比赛规则，而是战争规则。

如果不是靠强力把侵略者打到无力再战或者明确举旗投降为止，难道还要企图不战而屈人之兵，兵不血刃地靠逃跑来感动对方，靠仁义来感化对方吗？如果是这样，那八年抗战就打错了。

要成为一个强大的，不受欺辱的民族，就要从培养每个人成为一个坚守正义不退缩的、不受欺辱的公民开始。难以理解的是，一边鼓励"正当防卫靠跑"，一边还要唾弃那些历史上的逃跑将军和不抵抗政府，不担心这会导向国格分裂吗。

《刑法》第二十条正当防卫条款，特别是第三款无限防卫权，它应当提供的，不是一个人主动进入赛场之后，面对竞技对手时的比赛规则，而是一个人被动卷入战场之后，面对侵略者时的战争规则。

因此，对刑法规定的理解与适用，必须在这样一种价值观念指导下展开：

正当防卫的本质，不是公平竞技，而是正对不正；不是拳击比赛，而是抗击侵略。

中国政法大学教授阮齐林点评：
法律需要与公民共同向违法犯罪作斗争，不法侵害人是法律和防卫人的共同敌人

　　电动车车主于海明在遭到宝马车车主刘海龙一再暴力攻击下，尤其是在遭到刘海龙持刀攻击的情形下，夺刀刺砍刘海龙数刀，致刘海龙死亡的行为，符合《刑法》第二十条第三款之规定，构成特殊防卫，不负刑事责任。

　　网络热传的那段视频，完整地显示了刘海龙与于海明之间发生纠纷、打斗直至被砍数刀致死的过程。于海明抢刀反砍刘海龙致死的行为是"正当防卫"，还是"防卫过当"，立即在网络引发热议，大多数网民看过视频后，认为是正当防卫。法律专业人士一般出言谨慎，多认为是正当防卫。也有法律专业人士认为，于海明抢刀在手之后，反砍刘海龙五刀，刀刀凶狠，有防卫过当嫌疑，涉嫌"故意伤害罪"。

　　我看到这段视频，凭"直感"认为是正当防卫，所以立即在微信群中、朋友圈里发声，认为是正当防卫。这"直感"，其实就如同广大网民一样，凭借的是心中的那杆秤来认定于海明的行为是正当防卫。如果这样的行为仍不能成立正当防卫，那实在脱离常识良心。因为，刘海龙一而再再而三地破坏社会生活规则，不尊重法律，不尊重人与人相处的规矩，显示出藐视法律秩序的态度和暴力攻击倾向。最初，刘海龙驾驶其宝马车由机动车道轧实线进入非机动车道，引起了纠纷。刘海龙违法在先，也就是有错在先。道理很简单，根据交通规则机动车、非机动车各行其道，非机动车在非机动车道享有优先路权，机动车轧实线进入非机动车道已属违法，让于海明让道实属无理。人应守法讲理，违法无理方应当感到歉意才是。而本案刘海龙的表现，蛮横不讲理，下车即冲向于海明挥拳攻击，致于海明节节后退数米。之后，突然转身跑回，从其宝马车中拿出一把长刀，奔向于海明持刀攻击。其间长刀脱手落地，刘海龙、于海明二人同时前抢。于海明快一步抢到手，接着持刀攻击刘海龙。其间，刘海龙逃避，于海明反追连砍数刀。刘海龙死亡。见这样的场景画面，凭直感，刘海龙从违章引起纠纷、由拳击对方到取刀攻击对方，实在是蛮横无理、暴力攻击倾向严重，最终招致反砍，咎由自取。于海明在遭到对方蛮横无理的一再暴力攻击下，面临对方持刀攻击时，乘对方的刀脱手落地之机夺刀在手、持刀反击，大快人心。就凭观看视频得出这样的"直感"判断：刘海龙咎由自取，于海明无可厚非，应当成立正当防卫。此情此景不能成立正当防卫，那么实在难觅正当防卫的踪影！

常人肉眼观看短短的一段视频，其实并不能全面详细地了解案件事实。因此，也难言以事实为根据、以法律为准绳的专业判断。只能是"直觉"判断。昆山砍人案的案件详情，直至昆山公安机关和检察机关发布"警情通报"，才大白于天下。那么，根据"警情通报"反映的案件事实，于"事后"依据刑法规定冷静判断，于海明的行为是否正当防卫？我确信，应当成立正当防卫。

一、以法律为准绳

《刑法》第二十条规定了正当防卫制度："为了使国家、公共利益、本人或者他人的人身、财产和其他权利免受正在进行的不法侵害，而采取的制止不法侵害的行为，对不法侵害人造成损害的，属于正当防卫，不负刑事责任。

正当防卫明显超过必要限度造成重大损害的，应当负刑事责任，但是应当减轻或者免除处罚。

对正在进行行凶、杀人、抢劫、强奸、绑架以及其他严重危及人身安全的暴力犯罪，采取防卫行为，造成不法侵害人伤亡的，不属于防卫过当，不负刑事责任。"

二、以事实为根据

关于案件事实，公安机关侦查后通报："刘海龙从车中取出一把砍刀连续击打于海明，后被于海明反抢砍刀并捅刺、砍击数刀，刘海龙身受重伤，经抢救无效死亡。"还有更具体的说法，于海明夺刀后 7 秒内共捅刺、砍击刘海龙 5 刀（先捅刺腹部一刀后砍击四刀）。

三、根据《刑法》第二十条的规定，简明说来成立正当防卫必须具备两个条件

（一）"前提条件"，针对正在进行的不法侵害采取防卫行动。昆山案中，刘海龙一再主动对于海明发

动暴力攻击，很明显属于正在进行的不法侵害，于海明对其反击，属于针对正在进行的不法侵害而进行的防卫行动。于海明具备防卫的"前提条件"如此明显，以至于无人对其具备防卫的前提条件提出质疑。

（二）"限度条件"或"合法性条件"，即防卫行为适度，没有造成超出合理限度的损害。

四、关于本案是否超出必要限度的判断，特别要注意以下两点

（一）法律站到了防卫人一方。当一方对另一方发动不法侵害时，不法侵害方率先侵害他人的权益，破坏法律秩序，属于不法或非正义一方；而遭受不法侵害的一方采取防卫行动，属于捍卫自身合法权益，同时维护法律秩序，属于合法、正义一方。因此，防卫人与法律是一方，共同对付不法侵害方。防卫人用自己的防卫行为维护社会生活的规则和法律秩序。人人都要知理守法，任何人不得非法侵犯他人人身、住宅、财产，不得为杀人、伤害、盗窃、抢劫、非法侵入住宅等不法侵害行为。如果对他人实施不法侵害进行防卫，那么防卫人不仅是在捍卫自身权益，也是在维护法律，"替天行道"，向社会公众宣示，违法犯罪

行为不仅会受到国家法律的制裁，而且也会受到被侵害人的痛击，从而减少违法犯罪行为，尤其是动辄诉诸暴力的行为。法律赋予公民正当防卫权，是法律需要与公民共同向违法犯罪作斗争，共同维护法律秩序，预防犯罪，共同构建人人知理守法和平相处的交往关系。因此，防卫人反击不法侵害时，已经与法律属于同一个战壕的战友，而不法侵害人是法律和防卫人的共同敌人。

以这样的观念认定防卫人的行为是否超出合理限度，是权衡利弊之后的明智选择。人人敢于捍卫自身权益、与违法犯罪作斗争，能够有效减少违法犯罪现象，这是大利。为此，法律的天平需要向防卫人倾斜，对不法侵害人的利益就不得不有所减让。

（二）判断的基准应当采取"行为人、行为时"标准，不要当"事后诸葛亮"。对于案件的裁判，都是"旁人"，如法官、检察官、普通百姓于"事后"进行判断。但是"旁人事后"判断一定要以"行为人在行为当时"的认识、感受为基准。而且在正常情况下，不得提出超出普通人的要求。

1.通常情况下，依据《刑法》第二十条第二款，防卫行为没有明显超过必要限度造成重大损害的，是正当防卫。刘海龙在自己交通违章引发纠纷的情况下，先对于海明挥拳攻击，继而取长刀击打，表现出蛮横无理、暴力攻击倾向严重、意志坚决，持凶器攻击方式明显逾越社会常轨。于海明乘刘海龙长刀脱手落地之机，抢刀在手对其捅刺、砍击，以其人之道反制其人之身，没有明显超过必要限度。观看视频的网民，大多感到刘海龙恶有恶报、咎由自取，表明普通人的见解也是认为没有明显超过必要限度。

2. 另，刘海龙持长刀击打于海明的行为，可以认定《刑法》为第二十条第三款危及人身安全的"行凶"行为。因为，刘海龙所持长刀属于管制刀具，对于管制刀具司法实践中认为是凶器，如携带凶器抢夺、盗窃之凶器，包括管制刀具。持凶器攻击他人，应当认为属于行凶。据此，应当适用特殊防卫的规定，认定为正当防卫，即"防卫人采取防卫行为，造成不法侵害人伤亡的，不属于防卫过当，不负刑事责任"。

五、关于本案是否超过必要限度的判断，有几点需要澄清

（一）于海明是否有"事后防卫"的嫌疑？所谓事后防卫，指不法侵害已经结束、对防卫人威胁已经解消，防卫人仍然反击不法侵害人。有人观看视

频提出于海明抢刀在手之后，刘海龙逃避、于海明有追击、挥刀砍击行为。认为于海明已经取刀在手，对方处于劣势、颓势，有逃避行动了，应当认为不法侵害已经结束或威胁已经消失，后续的砍击行为就属于"事后防卫"，而事后防卫因为不符合正当防卫"紧迫性"条件，不能成立正当防卫，而应当认为构成故意伤害罪。我看到网上发此议论的，猜测一般是律师、检察官、法官等法律专业人士。在我看来，于海明取刀后的追砍，以"行为人、行为时"的基准判断，仍未丧失防卫的时机。首先，视频画面看连续的几个反砍动作发生于密切连续的过程中，即于海明抢刀在手，刺向同为抢刀而扑过来的刘海龙，紧接着向逃避的刘海龙连砍数刀。其次，于海明在那样殊死搏斗的时刻，一时很难判明砍击的效果。事后调查显示，第一刀捅刺到腹部是致命伤。处在当时情境下的防卫人未必认识到不法侵害人已经遭到致命一击。再次，在连续砍击的过程中，不能排除不法侵害人反扑的可能。最后，一般人在遭到无理蛮横拳击和持长刀拍击，都会感到愤怒、恐惧，抢刀在手之后，都难免有抑制不住的冲动，挥刀一气猛砍，应该属于常人常情常态，不应苛求。换言之，常人在那种情形下很难做到及时收手。只要不苛求，完全可以认为符合紧迫性条件。

（二）刘海龙持长刀只是用（双刃刀）的刀面击打于海明，没有用刀刃砍击于海明，相当节制，可能只是持刀威慑，没有持刀危害于海明生命、健康的意思和行为，不能认为是"行凶"。而于海明夺刀之后反砍，却十分凶狠，刀刀见骨，应当认为防卫行为明显超过必要限度，构成防卫过当，成立故意伤害罪，应当负刑事责任。这种观点显然是以"事后"查明事实为基准判断的，不能成立。如果根据"行为人、行为时"的基准，于海明在遭到刘海龙拳击之后，又遭遇刘海龙从车上取刀返身继续攻击，无论是于海明还是其他人在当时情境下，因紧张、恐惧、恼怒，恐怕都不能判明持刀者真实意图，而且恐怕连刘海龙自己也未必能控制住局面、把握好分寸。对当时情境下的当事人而言，就是生死攸关的时刻，就是你死我活的搏斗。这场合在当事人看来百分之百是行凶，旁观者常人看来也是行凶。因此，行为人致不法侵害人伤死，不应认为过当，而应认为是正当防卫。

如果以"行为人、行为时"的基准看待防卫人的防卫举动，以法律站在权利、规则捍卫者一方的观念，认定昆山案于海明的行为性质，可以简单判明是正当防卫。

六、从"于欢案"到"昆山案"，新闻刑事案件所具有的意义和影响

于欢及其母亲在遭到限制自由、暴力侮辱方式逼债时，持刀捅刺四逼债人致一死三伤，一审判决认为不存在不法侵害前提，于欢的行为构成故意伤害罪（致人死亡）、判处无期徒刑。一审判决公之于众后，引起了舆论尤其是网络舆论的广泛关注和议论。于欢上诉后二审改判成立防卫过当，构成故意伤害罪（致人死亡）、减轻处罚，判处 5 年有期徒刑。二审判决公布后，各方普遍认同二审判决尺度适当，体现了公平正义。

在"于欢案"之前，人们感到中国适用正当防卫制度较为保守，以至于有学者称正当防卫规定几乎成为"僵尸条款"，形容其适用的保守程度。此言不虚，通过刑法修订的过程也可以看出来。1979 年第一部刑法典规定：正当防卫"超过必要限度，造成不应有损害的，是防卫过当"。1997 年修订刑法时，就作出两处重大修改。其一，正当防卫"明显"超过必要限度造成"重大"损害的，是防卫过当。加上了"明显"和"重大"二词，显然是立法者以为原来的

规定不给力，以至于正当防卫制度没有能够发挥应有的作用，所以，提高防卫过当的标准，期望扩大正当防卫适用，缩小防卫过当适用。其二，增加特殊防卫规定，针对危及人身安全的暴力犯罪实行防卫，致不法侵害人伤亡的，不认为过当。进一步明确正当防卫的标准，期望扩大正当防卫的适用。修订后《刑法》第二十条正当防卫制度的规定，在世界范围内也可以说是对防卫人最有利的规定。立法对防卫人作出如此有利的规定，自然是期望司法解放思想、正确适用正当防卫制度。然而，之后的司法适用状况仍不尽如人意。"于欢案"一审判决结果，不认定于欢具备防卫前提条件，判处无期徒刑，可以说反映了正当防卫制度当时司法适用的状况。"于欢案"二审判决改判于欢具备防卫前提条件，属于防卫过当，判处五年有期徒刑。由于"于欢案"引起各方关注，从司法界到学界乃至于普通群众，通过典型案例提高了对正当防卫制度的认识。也是因为"于欢案"产生的巨大影响，到遇到"昆山案"时，司法机关的执法观念大为改观，重视人民群众的认知，重视合理适用正当防卫制度保护防卫人权益。公安、检察机关及时立案调查，在查明案情的基础上迅速作出认定，于海明的行为是针对行凶实施的防卫行为，致不法侵害人刘海龙死亡，不属于防卫过当，是正当防卫。并及时向社会通报案情和处理结果。可以说，如果没有"于欢案"在前的影响，就没有"昆山砍人案"在后的及时、正确处理结果。所以，从"于欢案"到"昆山案"，是我国正当防卫制度适用的两个具有里程碑意义的判例。

就正当防卫适用而言，"于欢案"的意义在于"防卫前提条件"的正确适用。正当防卫的前提（或起因、对象）条件是"正在进行的不法侵害"。"于欢案"一审、二审两判决关键性差别在于防卫前提条件的认定，一审判决认定："于欢捅刺被害人不存在正当防卫意义上的不法侵害前提"，二审判决认定："其行为是为了制止不法侵害"。结合案件事实，二审把握"于欢案"防卫前提条件的两个要点的尺度适当。第一，"不法侵害"性质的认定。案发当日下午，杜某等人受雇讨债限制于欢及其母亲人身自由并伴有暴力侮辱行为，足以认定为"不法侵害"。第二，不法侵害"正在进行"的认定。为逼债而限制人身自由是一种持续的不法侵害行为，期间伴随暴力侮辱施压行为，属于正在进行的不法侵害。于欢奋起反击，持刀捅刺限制其人身自由的不法侵害人，具有防卫的适时性。"于欢案"的重要示范意义在于，防卫的前提条件与防卫的适度条件应该分别认定，认定是否具备防卫前提条件不应掺杂防卫的适度条件。于欢对阻拦其离开接待室的逼债人连续捅刺四人各一刀，致一人死亡、二人重伤、一人轻伤。其中一人被扎位置在后背。可能会有这样的质疑：在警察尚未离去之时，大声呼喊或者奋力冲出，或许也能惊动警察获得救助，是否有必要采取持刀捅刺多人致死伤的方式？或者可能有这样的质疑：持刀挥舞威胁或者捅刺一、二人或许就能达到同样的效果，为何要捅刺四刀致四人死伤？这种疑问其实掺杂了防卫的适度条件。当遭遇到正在进行的不法侵害，就可以或者有权实施正当防卫以制止不法侵害，至于针对不法侵害行为实施防卫的方式、使用的工具、防卫的烈度以及造成的损害结果是否适当，那是防卫行为是否适度的问题。正如二审判决指出的（杜某等人）"在于欢持刀警告时仍出言挑衅并逼近，实施正当防卫所要求的不法侵害客观存在并正在进行。于欢是在人身安全面临现实威胁的情况下才持刀捅刺，且其捅刺的对象都是在其警告后仍向前围逼的人，可以认定其行为是为了制止不法侵害。"有学者指出："在实践中，一些公安、司法工作人员，错误地把正当防卫与防卫行为混为一谈，他们认为只要不是正当防卫就按照犯罪'无差别化'定罪量刑，进而忽视了适用防卫过当的'缓冲'作用。这样处理显然不利于维护防卫人的合法利益。"这样掺杂防卫适度条件认定防卫前提条件，会抬高防卫前提条件认定的门槛、不当缩小防卫前提条件成立的范围。

就正当防卫适用而言，"昆山案"与"于欢案"不同，昆山案涉及正当防卫制度第二要件的适用，即正当防卫"限度"条件的适用。刘海龙的行为明显具有不法侵害性质，因此，昆山案聚焦于于海明的防卫行为是否超过必要限度成立防卫过当？对此，有昆山案视频被广大人民群众见证，有公安、检察机关将案情、处理结论公之于众，通过具体的案例，从普通百姓到法律专业人士都见证了一起正当防卫案件的认定与处理。因此，将会对防卫的限度条件适用起到示范作用。

从"于欢案"到"昆山案"，通过新闻报道，刑事案件让全社会见证了正当防卫制度的合理适用。案例直观而生动地向全社会展示了案情和处理结果，也展示了认定防卫的前提条件和限度条件的具体尺度，将会对未来理论和司法实践产生重大影响。

从"于欢案"到"昆山案"，经过司法机关、学界、社会公众关注、热议到反思和总结，产生了正当防卫新观念，那就是充分认识到正当防卫行为的积极意义，鼓励公民同犯罪作斗争，不仅是在捍卫自己的合法权益，同时也是维护社会规范、法律秩序，起到预防犯罪的积极作用。因此，认定正当防卫，应当把防卫人当作法律秩序的维护者，当作法律的同一战壕的战友，设身处地以"行为人、行为时"为基准评价防卫行为的启动和防卫行为合理的表现。

第四部分　案件展望

正义者毋庸向非正义者低头。

正当防卫权是『自然权』，

即人与生俱来的权利。

新华社：
法治的胜利

"昆山砍人案"公众关注的焦点，关键是在不法行为面前，合法权利该如何救济。人身安全是每个公民最基本的要求，司法是维护社会公平正义的最后一道防线，也是最牢固的防线。

在这起案件里，不仅于海明的合法权益得到了维护，更倡导了社会法治思维，提升了社会法治意识，这对于广大民众而言也是一堂生动的社会主义法治课。

奉法者强则国强。法律的价值，在于剥离开感性纷繁的舆论情绪，探究民意背后的积极取向，作出理性公正的裁决。本案中，维护正当防卫权利，体现的正是对"以正压邪"价值的弘扬和宣示。

（新华社记者余俊杰，2018 年 9 月 1 日）

《检察日报》：
以理性责任彰显司法担当

司法需要回应社会关切，但必须秉持理性、客观态度，这是现代司法的应有品格。"昆山砍人案"这起案件，社会公众广泛关注，也给司法者带来极大考验。但越是舆论热议，司法越需保持理性、客观，必须坚持以事实为依据、以法律为准绳，认真履职，查清案件事实，依法独立作出判断，这是司法责任使然。昆山案发生后，无论是公安机关的依法立案侦查，还是检察机关的及时介入调查，都体现了强烈的责任意识，这正是公众所期盼的司法。

民之所盼，法之所向。在维护和保障公平正义面前，司法就是要勇于担当，与人民群众对公平正义的期待同频共振。

（《检察日报》评论员，2018 年 9 月 2 日）

北京大学教授梁根林：
实现形式法治和实质正义的
有机统一

中国传统法文化强调"天理""国法""人情"的统一，西方法文化崇尚以自然权利、普遍理性、公平正义为内涵的自然法，都反对纯粹的形式理性，而强调良法善治。法律人要上通天理，下达人情，"昆山案""于欢案"的处理实现了形式法治和实质正义的有机统一，对于促进正当防卫的适用，乃至刑法其他规范的正确理解，具有积极意义。

在判断是否防卫过当的问题上，存在四种误区。

一是客观冷静的圣人标准，要求防卫人在紧急情况下客观冷静，并不现实。

二是事后思维，基于事后的全部事实来判断正当防卫，过于苛责。

三是对等武装，要求防卫人采取基本相当的打击方式、力度，实属机械。

四是唯结果论，正当防卫本身就包含被防卫人死亡、重伤的情形，损害结果不是否定正当防卫的理由。

（正义网，2018 年 9 月 18 日）

中国人民大学教授黄京平：
民众参与，共同推动标杆性
案件的形成

在自媒体时代，民众广泛参与是司法不能回避的现实，检察机关要思考在检察环节引入民众参与的新途径、新方式，共同推动标杆性案件的形成。"昆山案"是检察机关提前介入的成功案例，具有重要的指导意义，但由于未能进入检察环节，而难以上升为指导性案例。"于欢案"是最高法指导案例93号，其中裁判要点的归纳和总结，与裁判文书公布的事实存在偏差，应当考虑设置修正指导案例的机制。

（正义网，2018年9月18日）

中国政法大学教授阮齐林：
学术的争鸣有利于正当防卫适用 规则进一步明确

"于欢案""昆山案"，两案推动了刑法理论和实务的发展，学术的争鸣有利于正当防卫适用规则进一步明确。

正当防卫应有两个下位规则。不退让规则要保护的是人身的安全，塑造一个"动口不动手"的社会交往规范，强调"正义不向不正义低头"，谁先动手谁就丧失了防卫的权利。城堡规则要保护的是住宅的安定，无端进入他人住宅，便被认为属于"不法侵害"，住宅所有人享有实施防卫的权利。

（正义网，2018 年 9 月 18 日）

国家检察官学院院长、中国犯罪学学会会长黄河：

司法适用和理论解释应成为法律与社会之间的桥梁、纽带

在社会急速转型的当下，相对滞后的法律和瞬息万变的社会之间存在巨大的鸿沟。司法适用和理论解释本应成为法律与社会之间的桥梁、纽带，但过于机械的司法和热衷抽象的理论加剧个案中情理法的冲突。"于欢案""昆山案"这些具有影响力的疑难复杂案件，在自媒体时代往往只能获得短暂的公众聚焦，其中所蕴含的法的价值冲突、规则之间如何妥当自洽等法治问题，常常缺少必要反思。

（正义网，2018 年 9 月 18 日）

北京师范大学教授卢建平：
国家保护缺位时，应鼓励公民
私力救济

国家虽然垄断了刑罚权，但无法真正实现对全体公民的完整保护。在国家保护缺位的场合，就需要鼓励公民通过私力救济的方式实现自我保护，这也符合人权的基本要求。由于正当防卫的"超法律"属性，正当性判断优先于合法性判断，才使得这一问题的专业判断并不必然优于普通国民的认知。

（正义网，2018 年 9 月 18 日）

附　录

最高人民法院指导案例 93 号于欢故意伤害案

于欢故意伤害案二审刑事附带民事判决书

正义者毋庸向非正义者低头。

正当防卫权是「自然权」，

即人与生俱来的权利。

最高人民法院指导案例 93 号
于欢故意伤害案

（最高人民法院审判委员会讨论通过
2018 年 6 月 20 日发布）

关键词　刑事　故意伤害罪　非法限制人身自由
正当防卫　防卫过当

※ 裁判要点

1. 对正在进行的非法限制他人人身自由的行为，应当认定为《刑法》第二十条第一款规定的"不法侵害"，可以进行正当防卫。

2. 对非法限制他人人身自由并伴有侮辱、轻微殴打的行为，不应当认定为《刑法》第二十条第三款规定的"严重危及人身安全的暴力犯罪"。

3. 判断防卫是否过当，应当综合考虑不法侵害的性质、手段、强度、危害程度，以及防卫行为的性质、时机、手段、强度、所处环境和损害后果等情节。对非法限制他人人身自由并伴有侮辱、轻微殴打，且并不十分紧迫的不法侵害，进行防卫致人死亡重伤的，应当认定为《刑法》第二十条第二款规定的"明显超过必要限度造成重大损害"。

4. 防卫过当案件，如系因被害人实施严重贬损他人人格尊严或者亵渎人伦的不法侵害引发的，量刑时对此应予充分考虑，以确保司法裁判既经得起法律检验，也符合社会公平正义观念。

※ 相关法条

《中华人民共和国刑法》第二十条

※ 基本案情

被告人于欢的母亲苏某在山东省冠县工业园区经营山东源大工贸有限公司（以下简称源大公司），于欢系该公司员工。2014 年 7 月 28 日，苏某及其丈夫于某 1 向吴某、赵某 1 借款 100 万元，双方口头约定月息 10%。至 2015 年 10 月 20 日，苏某共计还款 154 万元。其间，吴某、赵某 1 因苏某还款不及时，曾指使被害人郭某 1 等人采取在源大公司车棚内驻扎、在办公楼前支锅做饭等方式催债。2015 年 11 月

1日，苏某、于某 1 再向吴某、赵某 1 借款 35 万元。
其中 10 万元，双方口头约定月息 10%；另外 25 万元，
通过签订房屋买卖合同，用于某 1 名下的一套住房作
为抵押，双方约定如逾期还款，则将该住房过户给
赵某 1。2015 年 11 月 2 日至 2016 年 1 月 6 日，苏某
共计向赵某 1 还款 29.8 万元。吴某、赵某 1 认为该
29.8 万元属于偿还第一笔 100 万元借款的利息，而苏
某夫妇认为是用于偿还第二笔借款。吴某、赵某 1 多
次催促苏某夫妇继续还款或办理住房过户手续，但苏
某夫妇未再还款，也未办理住房过户。

　　2016 年 4 月 1 日，赵某 1 与被害人杜某 2、郭某
1 等人将于某 1 上述住房的门锁更换并强行入住，苏
某报警。赵某 1 出示房屋买卖合同，民警调解后离
去。同月 13 日上午，吴某、赵某 1 与杜某 2、郭某 1、
杜某 7 等人将上述住房内的物品搬出，苏某报警。民
警处警时，吴某称系房屋买卖纠纷，民警告知双方协
商或通过诉讼解决。民警离开后，吴某责骂苏某，并
将苏某头部按入座便器接近水面位置。当日下午，赵
某 1 等人将上述住房内物品搬至源大公司门口。其
间，苏某、于某 1 多次拨打市长热线求助。当晚，于
某 1 通过他人调解，与吴某达成口头协议，约定次日
将住房过户给赵某 1，此后再付 30 万元，借款本金

及利息即全部结清。

4月14日，于某1、苏某未去办理住房过户手续。当日16时许，赵某1纠集郭某2、郭某1、苗某、张某3到源大公司讨债。为找到于某1、苏某，郭某1报警称源大公司私刻财务章。民警到达源大公司后，苏某与赵某1等人因还款纠纷发生争吵。民警告知双方协商解决或到法院起诉后离开。李某3接赵某1电话后，伙同么某、张某2和被害人严某、程某到达源大公司。赵某1等人先后在办公楼前呼喊，在财务室内、餐厅外盯守，在办公楼门厅外烧烤、饮酒，催促苏某还款。其间，赵某1、苗某离开。20时许，杜某2、杜某7赶到源大公司，与李某3等人一起饮酒。20时48分，苏某按郭某1要求到办公楼一楼接待室，于欢及公司员工张某1、马某陪同。21时53分，杜某2等人进入接待室讨债，将苏某、于欢的手机收走放在办公桌上。杜某2用污秽言语辱骂苏某、于欢及其家人，将烟头弹到苏某胸前衣服上，将裤子褪至大腿处裸露下体，朝坐在沙发上的苏某等人左右转动身体。在马某、李某3劝阻下，杜某2穿好裤子，又脱下于欢的鞋让苏某闻，被苏某打掉。杜某2还用手拍打于欢面颊，其他讨债人员实施了揪抓于欢头发或按压于欢肩部不准其起身等行为。22时07分，公司员工刘某打电话报警。22 时 17 分，民警朱某带领辅警宋某、郭某 3 到达源大公司接待室了解情况，苏某和于欢指认杜某 2 殴打于欢，杜某 2 等人否认并称系讨债。22 时 22 分，朱某警告双方不能打架，然后带领辅警到院内寻找报警人，并给值班民警徐某打电话通报警情。于欢、苏某想随民警离开接待室，杜某 2 等人阻拦，并强迫于欢坐下，于欢拒绝。杜某 2 等人卡于欢颈部，将于欢推拉至接待室东南角。于欢持刃长 15.3 厘米的单刃尖刀，警告杜某 2 等人不要靠近。杜某 2 出言挑衅并逼近于欢，于欢遂捅刺杜某 2 腹部一刀，又捅刺围逼在其身边的程某胸部、严某腹部、郭某 1 背部各一刀。22 时 26 分，辅警闻声返回接待室。经辅警连续责令，于欢交出尖刀。杜某 2 等四人受伤后，被杜某 7 等人驾车送至冠县人民医院救治。次日 2 时 18 分，杜某 2 经抢救无效，因腹部损伤造成肝固有动脉裂伤及肝右叶创伤导致失血性休克死亡。严某、郭某 1 的损伤均构成重伤二级，程某的损伤构成轻伤二级。

※ 裁判结果

山东省聊城市中级人民法院于 2017 年 2 月 17 日作出（2016）鲁 15 刑初 33 号刑事附带民事判决，认定被告人于欢犯故意伤害罪，判处无期徒刑，剥夺政治权利终身，并赔偿附带民事原告人经济损失。

宣判后，被告人于欢及部分原审附带民事诉讼原告人不服，分别提出上诉。山东省高级人民法院经审理于 2017 年 6 月 23 日作出（2017）鲁刑终 151 号刑事附带民事判决：驳回附带民事上诉，维持原判附带民事部分；撤销原判刑事部分，以故意伤害罪改判于欢有期徒刑五年。

※ 裁判理由

法院生效裁判认为：被告人于欢持刀捅刺杜某 2 等四人，属于制止正在进行的不法侵害，其行为具有防卫性质；其防卫行为造成一人死亡、二人重伤、一人轻伤的严重后果，明显超过必要限度造成重大损害，构成故意伤害罪，依法应负刑事责任。鉴于于欢的行为属于防卫过当，于欢归案后如实供述主要罪行，且被害方有以恶劣手段侮辱于欢之母的严重过错等情节，对于欢依法应当减轻处罚。原判认定于欢犯故意伤害罪正确，审判程序合法，但认定事实不全面，部分刑事判项适用法律错误，量刑过重，遂依法改判于欢有期徒刑五年。

本案在法律适用方面的争议焦点主要有两个方

面：一是于欢的捅刺行为性质，即是否具有防卫性、是否属于特殊防卫、是否属于防卫过当；二是如何定罪处罚。

一、关于于欢的捅刺行为性质

《中华人民共和国刑法》（以下简称《刑法》）第二十条第一款规定："为了使国家、公共利益、本人或者他人的人身、财产和其他权利免受正在进行的不法侵害，而采取的制止不法侵害的行为，对不法侵害人造成损害的，属于正当防卫，不负刑事责任。"由此可见，成立正当防卫必须同时具备以下五项条件：一是防卫起因，不法侵害现实存在。不法侵害是指违背法律的侵袭和损害，既包括犯罪行为，又包括一般违法行为；既包括侵害人身权利的行为，又包括侵犯财产及其他权利的行为。二是防卫时间，不法侵害正在进行。正在进行是指不法侵害已经开始并且尚未结束的这段时期。对尚未开始或已经结束的不法侵害，不能进行防卫，否则即是防卫不适时。三是防卫对象，即针对不法侵害者本人。正当防卫的对象只能是不法侵害人本人，不能对不法侵害人之外的人实施防卫行为。在共同实施不法侵害的场合，共同侵害具有整体性，可对每一个共同侵害人进行正当防卫。四是防卫意图，出于制止不法侵害的目的，有防卫认识和意志。五是防卫限度，尚未明显超过必要限度造成重大损害。这就是说正当防卫的成立条件包括客观条件、主观条件和限度条件。客观条件和主观条件是定性条件，确定了正当防卫"正"的性质和前提条件，不符合这些条件的不是正当防卫；限度条件是定量条件，确定了正当防卫"当"的要求和合理限度，不符合该条件的虽然仍有防卫性质，但不是正当防卫，属于防卫过当。防卫过当行为具有防卫的前提条件和制止不法侵害的目的，只是在制止不法侵害过程中，没有合理控制防卫行为的强度，明显超过正当防卫必要限度，并造成不应有的重大损害后果，从而转化为有害于社会的违法犯罪行为。根据本案认定的事实、证据和我国刑法有关规定，于欢的捅刺行为虽然具有防卫性，但属于防卫过当。

首先，于欢的捅刺行为具有防卫性。案发当时杜某2等人对于欢、苏某持续实施着限制人身自由的非法拘禁行为，并伴有侮辱人格和对于欢推搡、拍打等行为；民警到达现场后，于欢和苏某想随民警走出接待室时，杜某2等人阻止二人离开，并对于欢实施推拉、围堵等行为，在于欢持刀警告时仍出言挑衅并逼近，实施正当防卫所要求的不法侵害客观存在并正在进行；于欢是在人身自由受到违法侵害、人身安全面临现实威胁的情况下持刀捅刺，且捅刺的对象都是在其警告后仍向其靠近围逼的人。因此，可以认定其是为了使本人和其母亲的人身权利免受正在进行的不法侵害，而采取的制止不法侵害行为，具备正当防卫的客观和主观条件，具有防卫性质。

其次，于欢的捅刺行为不属于特殊防卫。《刑法》第二十条第三款规定："对正在进行行凶、杀人、抢劫、强奸、绑架以及其他严重危及人身安全的暴力犯罪，采取防卫行为，造成不法侵害人伤亡的，不属于防卫过当，不负刑事责任。"根据这一规定，特殊防卫的适用前提条件是存在严重危及本人或他人人身安全的暴力犯罪。本案中，虽然杜某2等人对于欢母子实施了非法限制人身自由、侮辱、轻微殴打等人身侵害行为，但这些不法侵害不是严重危及人身安全的暴力犯罪。其一，杜某2等人实施的非法限制人身自由、侮辱等不法侵害行为，虽然侵犯了于欢母子的人身自由、人格尊严等合法权益，但并不具有严重危及于欢母子人身安全的性质。其二，杜某2等人按肩膀、推拉等强制或者殴打行为，虽然让于欢母子的人身安全、身体健康权遭受了侵害，但这种不法侵害只是轻微的暴力侵犯，既不是针对生命权的不法侵害，又不是发生严重侵害于欢母子身体健康权的情形，因而不属于严重危及人身安全的暴力犯罪。其三，苏某、于某1系主动通过他人协调、担保，向吴某借贷，自愿接受吴某所提10%的月息。既不存在苏某、于某1被强迫向吴某高息借贷的事实，又不存在吴某强迫苏某、于某1借贷的事实，与司法解释以借贷为名采用暴力、胁迫手段获取他人财物以抢劫罪论处的规定明显不符。可见杜某2等人实施的多种不法侵害行为，符合可以实施一般防卫行为的前提条件，但不具备实施特殊防卫的前提条件，故于欢的捅刺行为不属于特殊防卫。

最后，于欢的捅刺行为属于防卫过当。《刑法》第二十条第二款规定："正当防卫明显超过必要限度造成重大损害的，应当负刑事责任，但是应当减轻或者免除处罚。"由此可见，防卫过当是在具备正当防卫客观和主观前提条件下，防卫反击明显超越必要限度，并造成致人重伤或死亡的过当结果。认定防卫是否"明显超过必要限度"，应当从不法侵害的性质、手段、强度、危害程度，以及防卫行为的性质、时机、手段、强度、所处环境和损害后果等方面综合分析判定。本案中，杜某2一方虽然人数较多，但其实施不法侵害的意图是给苏某夫妇施加压力以催讨债务，在催债过程中未携带、使用任何器械；在民警朱某等进入接待室前，杜某2一方对于欢母子实施的是非法限制人身自由、侮辱和对于欢拍打面颊、揪抓头发等行为，其目的仍是逼迫苏某夫妇尽快还款；在民警进入接待室时，双方没有发生激烈对峙和肢体冲突，当民警警告不能打架后，杜某2一方并无打架的言行；在民警走出接待室寻找报警人期间，于欢和讨债人员均可透过接待室玻璃清晰看见停在院内的警车警灯闪烁，应当知道民警并未离开；在于欢持刀警告不要逼过来时，杜某2等人虽有出言挑衅并向于欢围逼的行为，但并未实施强烈的攻击行为。因此，于欢面临的不法侵害并不紧迫和严重，而其却持刃长15.3厘米的单刃尖刀连续捅刺四人，致一人死亡、二人重伤、一人轻伤，且其中一人系被背后捅伤，故应当认定于欢的防卫行为明显超过必要限度造成重大损害，属于防卫过当。

二、关于定罪量刑

首先，关于定罪。本案中，于欢连续捅刺四人，但捅刺对象都是当时围逼在其身边的人，未对离其较远的其他不法侵害人进行捅刺，对不法侵害人每人捅刺一刀，未对同一不法侵害人连续捅刺。可见，于欢的目的在于制止不法侵害并离开接待室，在案证据不能证实其具有追求或放任致人死亡危害结果发生的故意，故于欢的行为不构成故意杀人罪，但他为了追求防卫效果的实现，对致多人伤亡的过当结果的发生持听之任之的态度，已构成防卫过当情形下的故意伤害罪。认定于欢的行为构成故意伤害罪，既是严格司法的要求，又符合人民群众的公平正义观念。

其次，关于量刑。《刑法》第二十条第二款规定："正当防卫明显超过必要限度造成重大损害的，应当负刑事责任，但是应当减轻或者免除处罚。"综合考虑本案防卫权益的性质、防卫方法、防卫强度、防卫起因、损害后果、过当程度、所处环境等情节，对于欢应当减轻处罚。

被害方对引发本案具有严重过错。本案案发前，吴某、赵某1指使杜某2等人实施过侮辱苏某、干扰源大公司生产经营等逼债行为，苏某多次报警，吴某等人的不法逼债行为并未收敛。案发当日，杜某2等人对于欢、苏某实施非法限制人身自由、侮辱及对于欢间有推搡、拍打、卡颈部等行为，于欢及其母亲苏某连日来多次遭受催逼、骚扰、侮辱，导致于欢实施防卫行为时难免带有恐惧、愤怒等因素。尤其是杜某2裸露下体侮辱苏某对引发本案有重大过错。案发当日，杜某2当着于欢之面公然以裸露下体的方式侮辱其母亲苏某。虽然距于欢实施防卫行为已间隔约二十分钟，但于欢捅刺杜某2等人时难免带有报复杜某2辱母的情绪，故杜某2裸露下体侮辱苏某的行为是引发本案的重要因素，在刑罚裁量上应当作为对于欢有利的情节重点考虑。

杜某2的辱母行为严重违法、亵渎人伦，应当受到惩罚和谴责，但于欢在民警尚在现场调查，警车仍在现场闪烁警灯的情形下，为离开接待室摆脱围堵而持刀连续捅刺四人，致一人死亡、二人重伤、一人轻伤，且其中一重伤者系于欢从背部捅刺，损害后果严重，且除杜某2以外，其他三人并未实施侮辱于欢母亲的行为，其防卫行为造成的损害远远大于其保护的合法权益，防卫明显过当。于欢及其母亲的人身自由和人格尊严应当受到法律保护，但于欢的防卫行为明显超过必要限度并造成多人伤亡的严重后果，超出法律所容许的限度，依法也应当承担刑事责任。

根据我国刑法规定，故意伤害致人死亡的，处十年以上有期徒刑、无期徒刑或者死刑；防卫过当的，应当减轻或者免除处罚。如上所述，于欢的防卫行为明显超过必要限度造成重大伤亡后果，减轻处罚依法应当在三至十年有期徒刑的法定刑幅度内量刑。鉴于于欢归案后如实供述主要罪行，且被害方有以恶劣手段侮辱于欢之母的严重过错等可以从轻处罚情节，综合考虑于欢犯罪的事实、性质、情节和危害后果，遂判处于欢有期徒刑五年。

（生效裁判审判人员：吴靖、刘振会、王文兴）

于欢故意伤害案二审刑事附带民事判决书

山东省高级人民法院

刑　事　附　带　民　事　判　决　书

（2017）鲁刑终 151 号

原公诉机关山东省聊城市人民检察院。

上诉人（原审附带民事诉讼原告人）杜某 1，男，汉族，1956 年 1 月 17 日出生，住山东省冠县。系被害人杜某 2 的父亲。

上诉人（原审附带民事诉讼原告人）许某，女，汉族，1964 年 6 月 10 日出生，住冠县。系杜某 2 的母亲。

上诉人（原审附带民事诉讼原告人）杜某 3，女，汉族，2010 年 4 月 4 日出生，住冠县。系杜某 2 的女儿。

上诉人（原审附带民事诉讼原告人）杜某 4，女，汉族，2010 年 4 月 4 日出生，住冠县。系杜某 2 的女儿。

上诉人（原审附带民事诉讼原告人）杜某5，女，汉族，2012年4月28日出生，住冠县。系杜某2的女儿。

上诉人（原审附带民事诉讼原告人）杜某6，男，汉族，2012年4月28日出生，住冠县。系杜某2的儿子。

上诉人（原审附带民事诉讼原告人）暨杜某3、杜某4、杜某5、杜某6的法定代理人李某1，女，汉族，1989年3月13日出生，住冠县。系杜某2的妻子，杜某3、杜某4、杜某5、杜某6的母亲。

上列上诉人的诉讼代理人方辉，山东方晖律师事务所律师。

上诉人（原审被告人）于欢，男，汉族，1994年8月23日出生于冠县，高中文化，公司职工，住冠县。因涉嫌犯故意伤害罪于2016年4月15日被刑事拘留，同月29日被逮捕。

辩护人殷清利，河北十力律师事务所律师。

附带民事诉讼代理人于秀荣，系于欢的姑母。

原审附带民事诉讼原告人严某，男，汉族，1990年3月2日出生，住冠县。系被害人。

诉讼代理人严树魁，系严某的父亲。

诉讼代理人严建亭，系严某的哥哥。

原审附带民事诉讼原告人程某，男，汉族，1993年11月15日出生，住冠县。系被害人。

山东省聊城市中级人民法院审理聊城市人民检察院指控原审被告人于欢犯故意伤害罪并建议对于欢判处无期徒刑，原审附带民事诉讼原告人杜某1、许某、李某1、杜某3、杜某4、杜某5、杜某6、严某、程某提起附带民事诉讼一案，于2017年2月17日作出（2016）鲁15刑初33号刑事附带民事判决。宣判后，原审附带民事诉讼原告人杜某1、许某、李某1、杜某3、杜某4、杜某5、杜某6和原审被告人于欢不服，分别提出上诉。本院受理后，依法组成合议庭，于2017年5月20日召开庭前会议，27日公开开庭审理了本案刑事部分。山东省人民检察院指派检察员郭琳、扈小刚、李文杰出庭履行职务。上诉人于欢及其辩护人殷清利，被害人杜某2近亲属委托的诉讼代理人方辉，被害人郭某1及其诉讼代理人山东泉沣律师事务所律师伊丕国、李中伟，被害人严某的诉讼代理人严树魁、严建亭到庭参加诉讼。证人苏某、杜某7出庭作证。对本案附带民事部分，经过阅卷、调查，听取当事人、诉讼代理人的意见，进行了不开庭审理。现已审理终结。

　　原判认定：2014年7月，山东源大工贸有限公司（位于冠县工业园区）负责人苏某向赵某1借款100万元，双方口头约定月息10%。2016年4月14日16时许，赵某1以欠款未还清为由纠集郭某1、程某、严某等十余人先后到山东源大工贸有限公司催要欠款。当日20时许，杜某2驾车来到该公司，并在该公司办公楼大门外抱厦台上与其他人一起烧烤饮酒。约21时50分，杜某2等多人来到苏某及其子被告人于欢所在的办公楼一楼接待室内催要欠款，并对二人有侮辱言行。约22时10分，冠县公安局经济开发区派出所民警接警后到达接待室，询问情况后到院内进一步了解情况，于欢欲离开接待室被阻止，与杜某2、郭某1、程某、严某等人发生冲突，于欢持尖刀将杜某2、程某、严某、郭某1捅伤，处警民警闻讯后返回接待室，令于欢交出尖刀，将其控制。杜某2、严某、郭某1、程某被送往医院抢救。杜某2因失血性休克于次日2时许死亡，严某、郭某1伤情构成重伤二级，程某伤情构成轻伤二级。因杜某2被害死亡，附带民事诉讼原告人杜某1等7人应得丧葬费29098.5元，处理丧葬事宜的交通费、误工费1500元。被害人严某受伤后在冠县人民医院抢救治疗，于5月9日出院，同月12日入解放军总医院治疗，21 日出院，在解放军总医院共支付医疗费 49693.47 元。被害人程某受伤后在冠县人民医院治疗 15 天。

上述事实，有经原审庭审举证、质证的物证、书证、勘验、检查、辨认笔录、鉴定意见、视听资料、证人证言、被害人陈述、被告人供述等证据证实。

原审法院认为，被告人于欢面对众多讨债人的长时间纠缠，不能正确处理冲突，持尖刀捅刺多人，致一人死亡、二人重伤、一人轻伤，其行为构成故意伤害罪。于欢捅刺被害人不存在正当防卫意义上的不法侵害前提，其所犯故意伤害罪后果严重，应当承担与其犯罪危害后果相当的法律责任。鉴于本案系由被害人一方纠集多人，采取影响企业正常经营秩序、限制他人人身自由、侮辱谩骂他人的不当方式讨债引发，被害人具有过错，且于欢归案后能如实供述自己的罪行，可从轻处罚。于欢的犯罪行为给附带民事诉讼原告人杜某 1 等造成的丧葬费等损失应当依法赔偿，杜某 1 等要求赔偿死亡赔偿金、被抚养人生活费、精神损害抚慰金不属于附带民事诉讼赔偿范围，其要求赔偿处理丧葬事宜的交通费、误工费，酌情判决 1500 元；附带民事诉讼原告人严某要求赔偿医疗费、住院伙食补助费、交通费的合理部分予以支持，其要求赔偿的交通费，酌情判决1800元；附带民事诉讼原告人程某要求赔偿误工费、护理费、住院伙食补助费应当依法确定。依法以故意伤害罪判处被告人于欢无期徒刑，剥夺政治权利终身；判令被告人于欢赔偿附带民事诉讼原告人杜某1、许某、李某1、杜某3、杜某4、杜某5、杜某6各种费用共计30598.5元，赔偿附带民事诉讼原告人严某各种费用共计53443.47元，赔偿附带民事诉讼原告人程某各种费用共计2231.7元。

上诉人杜某1、许某、李某1、杜某3、杜某4、杜某5、杜某6的上诉意见是：原判适用法律不当，应当支持其所提赔偿死亡赔偿金、被抚养人生活费的诉讼请求。

上诉人于欢的上诉意见是：（1）原判认定事实不全面。没有认定吴某、赵某1此前多次纠集涉黑人员对苏某进行暴力索债，案发时杜某2等人对于欢、苏某及其他员工进行殴打；苏某实际是向吴某借钱；杜某2受伤后自行驾车前往距离较远的冠县人民医院，未去较近的冠县中医院，还与医院门卫发生冲突，导致失血过多死亡。（2）原判适用法律错误、量刑畸重。其行为系正当防卫或防卫过当；其听从民警要求，自动放下刀具，如实供述自己的行为，构成自首。(3)原判违反法定程序。被害人有亲属在当地检察机关、政府部门任职，可能干预审判，原审法院未自行回避。

上诉人于欢的辩护人提出以下辩护意见：(1)认定于欢犯故意伤害罪的证据不足。公安机关对现场椅子是否被移动、椅子上是否有指纹、现场是否有信号干扰器、讨债人员驾驶的无牌或套牌车内有无枪支和刀具等事实没有查明；冠县公安局民警有处警不力之嫌，冠县人民检察院有工作人员是杜某2的亲属，上述两机关均与本案存在利害关系，所收集的证据不应采信；讨债人员除杜某7外都参与串供，且在案发当天大量饮酒，处于醉酒状态，他们的言词除与于欢一方言词印证的之外，不应采信。(2)于欢的行为系正当防卫。从一般防卫看，于欢身材单薄，虽持有刀具，但相对11名身体粗壮且多人有犯罪前科的不法侵害人，仍不占优势，杜某2等人还对于欢的要害部位颈部实施了攻击，故于欢的防卫行为没有超过必要限度；从特殊防卫看，于欢的母亲苏某与吴某一方签订的书面借款合同约定月息2%，而吴某一方实际按10%收取，在苏某按书面合同约定利息还清借款后，讨债人员仍然以暴力方式讨债，根据《最高人民检察院关于强迫借贷行为适用法律问题的批复》，构成抢劫罪，于欢捅刺抢劫者的行为属特殊防卫，不构成犯罪。（3）即使认定于欢构成犯罪，其具有如下量刑情节：属防卫过当、自首，一贯表现良好，缺乏处置突发事件经验；杜某2等人侮辱苏某、殴打于欢，有严重过错；杜某2受伤后自行驾车前往距离相对较远的医院救治，耽误了约5分钟的救治时间，死亡结果不能全部归责于于欢。辩护人当庭出示了讨债人员驾驶无牌或套牌车辆的现场监控录像截图、杜某2亲属系冠县人民检察院工作人员的网页截图、驾车从现场分别到冠县人民医院和冠县中医院的导航路线截图等3份证据材料。

山东省人民检察院出庭检察员发表以下出庭意见：（1）原判对案件事实认定不全面。一是未认定于欢母亲苏某、父亲于某1在向吴某、赵某1高息借款100万元后，又借款35万元；二是未认定2016年4月1日、13日吴某、赵某1纠集多人违法索债；三是未认定4月14日下午赵某1等人以盯守、限制离开、扰乱公司秩序等方式索债；四是未具体认定4月14日晚杜某2等人采取强收手机、弹烟头、辱骂、暴露下体、脱鞋捂嘴、扇拍面颊、揪抓头发、限制人身自由等方式对苏某和于欢实施的不法侵害。（2）

原判认为于欢持尖刀捅刺被害人不具有正当防卫意义上的不法侵害前提，属于适用法律错误。于欢的行为具有防卫性质，但明显超过必要限度造成重大损害，属于防卫过当，应当负刑事责任，但应当减轻或者免除处罚。检察员当庭宣读、出示了新收集、调取的证人赵某 2、李某 2 的证言，侦查实验笔录及行驶路线图，手机通话记录，计划外生育费收据及说明，接处警登记表及说明，有关于某 1 曾任冠县国税局柳林分局副局长、因不正常上班于 2015 年被免职的文件，吴某因涉嫌非法拘禁被立案侦查的立案登记表，鉴定机构资格证书、鉴定人资格证书复印件，以及证人苏某、张某 1、马某、刘某、于某 2、张某 2、杜某 7、张某 3、朱某、徐某的补充证言，被害人程某的补充陈述，上诉人于欢的补充供述等 23 份证据材料。

被害人杜某 2 近亲属委托的诉讼代理人提出以下意见：（1）原判对作案刀具的认定定性不准、来源有误。于欢使用的尖刀应属管制刀具，被害人郭某 1 陈述看见于欢拉开衣服拉链从身上拿出刀具。（2）原判定罪量刑不当。于欢的行为构成故意杀人罪；民警处警时，不法侵害已经结束，于欢的捅刺行为不具备正当防卫的前提条件，不构成正当防卫或防卫过当，应当维持原判量刑。(3)应依法判令于欢赔偿附带民事诉讼上诉人的全部经济损失。

被害人郭某1及其诉讼代理人、被害人严某的诉讼代理人提出以下意见:(1)作案刀具来源不清。(2)于欢的行为不构成正当防卫或防卫过当,应当维持原判定罪量刑。

经审理查明:上诉人于欢的母亲苏某在山东省冠县工业园区经营山东源大工贸有限公司(以下简称源大公司),于欢系该公司员工。2014年7月28日,苏某及丈夫于某1向吴某、赵某1借款100万元,双方口头约定月息10%。至2015年10月20日,苏某共计还款154万元。其间,吴某、赵某1因苏某还款不及时,曾指使被害人郭某1(男,时年29岁)等人采取在源大公司车棚内驻扎、在办公楼前支锅做饭等方式催债。2015年11月1日,苏某、于某1再向吴某、赵某1借款35万元。其中10万元,双方口头约定月息10%;另外25万元,通过签订房屋买卖合同,用于某1名下的一套住房作为抵押,双方约定如逾期还款,则将该住房过户给赵某1。2015年11月2日至2016年1月6日,苏某共计向赵某1还款29.8万元。吴某、赵某1认为该29.8万元属于偿还第一笔100万元借款的利息,而苏某夫妇认为是用于偿还第二笔借款。吴某、赵某1多次催促苏某夫妇继续还款或办理住房过户手续，但苏某夫妇未再还款，亦未办理住房过户。

2016年4月1日，赵某1与被害人杜某2（男，殁年29岁）、郭某1等人将于某1上述住房的门锁更换并强行入住，苏某报警。赵某1出示房屋买卖合同，民警调解后离去。同月13日上午，吴某、赵某1与杜某2、郭某1、杜某7等人将上述住房内的物品搬出，苏某报警。民警处警时，吴某称系房屋买卖纠纷，民警告知双方协商或通过诉讼解决。民警离开后，吴某责骂苏某，并将苏某头部按入座便器接近水面位置。当日下午，赵某1等人将上述住房内物品搬至源大公司门口。其间，苏某、于某1多次拨打市长热线求助。当晚，于某1通过他人调解，与吴某达成口头协议，约定次日将住房过户给赵某1，此后再付30万元，借款本金及利息即全部结清。

同月14日，于某1、苏某未去办理住房过户手续。当日16时许，赵某1纠集郭某2、郭某1、苗某、张某3到源大公司讨债。为找到于某1、苏某，郭某1报警称源大公司私刻财务章。民警到达源大公司后，苏某与赵某1等人因还款纠纷发生争吵。民警告知双方协商解决或到法院起诉后离开。李某3接赵某 1 电话后，伙同么某、张某 2 和被害人严某（男，时年 26 岁）、程某（男，时年 22 岁）到达源大公司。赵某 1 等人先后在办公楼前呼喊，在财务室内、餐厅外盯守，在办公楼门厅外烧烤、饮酒，催促苏某还款。其间，赵某 1、苗某离开。20 时许，杜某 2、杜某 7 赶到源大公司，与李某 3 等人一起饮酒。20 时 48 分，苏某按郭某 1 要求到办公楼一楼接待室，于欢及公司员工张某 1、马某陪同。21 时 53 分，杜某 2 等人进入接待室讨债，将苏某、于欢的手机收走放在办公桌上。杜某 2 用污秽语言辱骂苏某、于欢及其家人，将烟头弹到苏某胸前衣服上，将裤子褪至大腿处裸露下体，朝坐在沙发上的苏某等人左右转动身体。在马某、李某 3 劝阻下，杜某 2 穿好裤子，又脱下于欢的鞋让苏某闻，被苏某打掉。杜某 2 还用手拍打于欢面颊，其他讨债人员实施了揪抓于欢头发或按压于欢肩部不准其起身等行为。22 时 07 分，公司员工刘某打电话报警。22 时 17 分，民警朱某带领辅警宋某、郭某 3 到达源大公司接待室了解情况，苏某和于欢指认杜某 2 殴打于欢，杜某 2 等人否认并称系讨债。22 时 22 分，朱某警告双方不能打架，然后带领辅警到院内寻找报警人，并给值班民警徐某打电话通报警情。于欢、苏某欲随民警离开接待室，杜某 2 等人阻拦，并强迫于欢坐下，于欢拒绝。杜某 2 等人卡于欢项部，将于欢推拉至接待室东南角。于欢持刃长 15.3 厘米的单刃尖刀，警告杜某 2 等人不要靠近。杜某 2 出言挑衅并逼近于欢，于欢遂捅刺杜某 2 腹部一刀，又捅刺围逼在其身边的程某胸部、严某腹部、郭某 1 背部各一刀。22 时 26 分，辅警闻声返回接待室。经辅警连续责令，于欢交出尖刀。杜某 2 等四人受伤后，分别被杜某 7 等人驾车送至冠县人民医院救治。次日 2 时 18 分，杜某 2 经抢救无效，因腹部损伤造成肝固有动脉裂伤及肝右叶创伤导致失血性休克死亡。严某、郭某 1 的损伤均构成重伤二级，程某的损伤构成轻伤二级。

本院查明上诉人于欢给上诉人杜某 1 等 7 人和原审附带民事诉讼原告人严某、程某造成的物质损失与原判相同。

上述事实，有经庭审举证、质证的下列五方面证据予以证明，本院予以确认。

一、被害人陈述、被告人供述和辩解

1. 被害人程某、郭某 1、严某（均系讨债人员）陈述：2016 年 4 月 14 日下午，其三人与赵某 1、李某3、么某等人到源大公司要账,先是报警称苏某私刻公章,民警来说不能打架,然后就走了。傍晚,他们守在办公楼大厅外烤串喝酒时,杜某2、杜某7来了。程某、杜某7、李某3、杜某2喝了两瓶白酒,其他人喝了两箱啤酒。后他们进入接待室,杜某2骂着向苏某要钱,并用手拍打于欢,还脱下于欢的鞋,放到苏某鼻子处,被苏某打掉。于欢想站起来,被杜某7等人从后边摁住。民警进接待室时,张某2把于欢摁在沙发上。民警问谁报警,没人吭声。苏某和于欢说杜某2打人,其这一方否认。民警说不能打架,就出去找报警人。张某2等人拦着苏某、于欢不让离开。杜某2还将于欢推到南墙处说报警也不管用,并说"你攮我唉!有本事你攮我哎!"没注意怎么回事,其三人和杜某2就被于欢拿东西捅了。程某、严某被捅了肚子一下,郭某1见杜某2被捅,扭身时被于欢抓住衣领捅后背一下。郭某1称看见于欢拉开上衣拉链拿出一把刀。后来杜某7等人开车将受伤的人送到县人民医院救治。到急救楼门口时杜某2已不能下车。当地人比较认可县人民医院。住院期间,李某3、张某3、郭某2说若有人问起,就说到源大公司要自己的钱。案发几个月前,郭某1和郭某2到过源大公司支锅做饭进行讨债,在车棚里睡了两三天。案发前两天，赵某1还让郭某1等人去名仕花园的一套房子里住。4月13日，杜某2、赵某1、吴某等人到名仕花园的房子里搬家具，苏某与民警一起过来。

2. 上诉人于欢供述和辩解：2015年8月，讨债人员到源大公司院内支锅做饭，在车棚睡觉。2016年4月，讨债人员占其家房子，跟着其父亲。4月13日下午，讨债人员将其家房内家具搬到源大公司，其父母多次打报警电话和市长热线。当晚，其父亲称已经协调好，把房子给对方，再给对方30万元。14日下午，讨债人员到公司找其母亲苏某。民警到达，说有人报警反映源大公司刻假章，查看公司印章后走了。其与苏某在财务室坐着，对方要求还款，当时没人打其与苏某。其与苏某在餐厅吃晚饭时，对方在门外守着。后对方将其与苏某带到接待室，马某、张某1陪同，杜某2进来让人将其与苏某的手机要走放在桌上。杜某2说些侮辱性语言，将烟头弹在苏某右肩部衣服上。杜某2还站在茶几边将裤子褪到大腿根，露出下体左右晃，离苏某三四十公分。马某与对方的李某3劝，杜某2才把裤子提上。杜某2脱下其一只鞋，放在苏某嘴边，苏某将鞋打落。李某3等要其喊"叔叔"，其不喊，身后的人就揪其头发，杜某2扇其两耳光。杜某2不停地骂其与苏某，还叫其"欢欢"，说"欢欢像狗名"。其多次想起身，都被摁住。民警到接待室，其和苏某说对方打人，对方不承认。民警劝说"别打架"，就去外面了解情况，对方五六人跟出去。其与苏某也想出去，被拦住。对方的人陆续回来，让其坐下，其怕被打不敢坐。杜某2、郭某1等四五人将其向东南角推，有人从后边卡其脖子，将其推到靠东墙办公桌南边。其从桌上拿起刀挥舞，喊"别过来，别过来"。杜某2上前说"你攘唉，你攘唉"，其就捅了杜某2腹部一刀。其他人见状冲过来，其又捅了程某、郭某1腹部各一刀。民警让其把刀交出，其说"等我出去，把刀给你"。其这么说，是因为在房内没有安全感。民警坚持让其交出刀，其将刀交出。

二、证人证言

1. 证人苏某的证言：2014年7月，其与丈夫于某1经张某4介绍，向吴某借款100万元，吴某安排赵某1与其签订借款合同，口头约定月息10%。2015年8月，因还款不及时，吴某派人到源大公司支锅做饭，在车棚睡觉。其陆续还款共计150余万元。同年11月，其又向吴某借款35万元，其中25万元以名仕花园住房抵押，签了房屋买卖合同，另外 10 万元由张某 4 担保，月息 10%。其已还款 31.5 万元，其中 25 万元是房款，意思是不将住房卖给赵某 1。吴某称未还够钱，于 2016 年 3 月 5 日派人跟随于某 1 一天，还将于某 1 的衬衣撕破。4 月 1 日，吴某将其名仕花园住房门锁更换。其报警后跟民警进入房间，发现房内两万元现金丢失。赵某 1 出示购房合同，民警看后走了。第二天刑警到其住房拍照。4 月 13 日上午，吴某带人将名仕花园住房内的家具搬出，其再次报警。民警到后，吴某称其欠钱不还。民警见是经济纠纷离开。吴某不让其走，将其头部摁到马桶里近水面位置，马桶里没有粪便。其离开时有人尾随。当天下午吴某派人将其住房内的家具搬到源大公司。其多次打市长热线。当晚通过中间人调解，约定其将住房给吴某，再给吴某 30 万元，即全部本息还清。因其住房还欠贷款，房产证丢了一本，一天内不可能过户。4 月 14 日 16 时许，吴某手下到其公司讨债，报警称其私刻公章。民警来了解情况后离开。郭某 1 等到财务室催款。其与于欢去食堂吃晚饭，对方派人在外看着。其在食堂待了一个多小时，郭某 1 让其回接待室。于欢及公司员工张某 1、马某陪着。对方的人在门厅外喝酒。后来杜某 2 等人进接待室，将其与于欢的手机收走放到办公桌上。杜某 2 向其身上弹烟头，站在其前面的茶几边上脱裤子露下体侧身朝其转动，距其约三十公分。经杜某 2 身边的人劝说，杜某 2 提上裤子。于欢称无钱还债，杜某 2 扇于欢的脸，不是抡胳膊扇的。杜某 2 还将于欢的鞋脱下，放到其鼻子处，其将鞋扔到一边。于欢想站起来，被人从后边摁住。杜某 2 说各种难听的话侮辱其与于欢，还像唤小狗一样喊"欢欢"。其他人没说侮辱性语言。民警来后，其与于欢说被对方殴打，对方否认。民警问谁报的警，其称可能是公司工人，民警出去找报警人。对方阻止其与于欢出去，让其二人坐下，于欢不愿意，对方几个人按着于欢往室内南边走。有一人从于欢西边过去，于欢捅刺那人一刀，那人一转身，被捅到腰部。捅人的刀平时在接待室桌上放着。从接待室能看到外面的警车，警灯始终亮着。

2. 证人郭某 2、杜某 7、张某 2、张某 3、么某、李某 3、苗某（均系讨债人员）关于 2016 年 4 月 14 日下午讨债过程的证言与被害人程某、严某、郭某 1 的陈述相印证。张某 3 还证明，于欢持刀捅人，捅的都是当时离于欢较近的人。么某还证明，当时不知道于欢从哪儿拿把刀，说"别过来，过来攮死你"。杜某 2 以为于欢不敢捅，向前靠近，于欢朝杜某 2 捅了一刀。郭某1向前靠近于欢，于欢往前伸一下手，郭某1用手捂住后背。程某和严某应该都是朝于欢跟前走被捅伤的。杜某7还证明，其驾车将杜某2等人送县人民医院，不到十分钟到医院门口，杜某2在车上已经休克，想尽快救治，就开车闯杆入内。过一两分钟，医生用小推车把杜某2推到医护室抢救。县人民医院是冠县最好的医院。

3. 证人于某2、刘某、马某、张某1（均系源大公司员工，除马某外均系于欢亲戚）的证言：2016年4月14日下午，讨债人员先在源大公司楼外喊，后进财务室要账。苏某、于欢去食堂吃饭有人跟着。苏某、于欢跟讨债人员进入接待室后，马某出来说对方侮辱苏某，刘某报警。之前，听苏某说曾被吴某摁到马桶里。刘某还证明，民警从接待室出来后不久，其听见有人喊叫，透过玻璃墙见那伙人围着于欢，在一米开外有人拿椅子朝向于欢。于欢退到桌子前，手里多了一把刀，朝对方挥舞。其曾用于欢捅人的刀在办公室削过苹果。于某2还证明，在民警闻声返回接待室时，其跟着走到大厅前台阶处，见对方一人捂着肚子说"没事没事，来真的了"。

4. 证人吴某、赵某1（均因涉嫌刑事犯罪另案处理）的证言：2014年夏，张某4介绍于某1要借100

万元，吴某让赵某1出借，月息10%。于某1开始付利息，到2015年下半年不付了，吴某多次打电话催于某1。2015年11月，张某4称于某1急需35万元，准备出售冠县名仕花园小区的住房。赵某1便与苏某、于某1签订房屋买卖合同，约定于某1将住房以25万元卖给赵某1，三天内将该房10万元房贷还清并办理过户。赵某1借给于某135万元，其中10万元是向张某4借的。后来于某1给赵某1转账20余万元，称是还35万元借款，赵某1称是还前100万元借款的利息。2016年4月，赵某1带杜某2、郭某1、杜某7等人更换名仕花园房屋门锁并入住。苏某报警，赵某1出示合同后，民警离开。4月13日，赵某1带领杜某2、郭某1、杜某7等人搬名仕花园房内物品，苏某和民警来了。民警走后，吴某和苏某拉扯，吴某说让苏某吃大便。苏某离开后，赵某1安排人员尾随，并将名仕花园房内物品搬到源大公司。4月14日下午，赵某1与郭某2找苏某要账，打电话让郭某1、李某3等到源大公司。因苏某不见面，其一方报警称苏某私刻公章。民警到后，赵某1与苏某对骂，被民警拉开。18时许，赵某1先行离开。22时许，李某3给吴某打电话说有四人被捅伤。杜某2死后，吴某安排赵某1跟公安人员说去要账的都是债主。

5. 证人张某4、卢某、康某的证言与赵某1、吴某的证言相印证。张某4还证明，赵某1第一次借给于某1的100万元，都知道是吴某的；第二次借给于某135万元，有10万元是向其借的。卢某还证明，于某1为欠吴某账的事，请其找吴某说和，双方同意于某1将房子折抵60万元过户给对方，再还30万元即全部清账。康某还证明，吴某与于某1对房子问题有分歧，吴某称是买卖，于某1称是抵押。

6. 证人朱某（民警）的证言：2016年4月14日22时许，其带领辅警宋某、郭某3赶到源大公司。在接待室苏某说有人打于欢，多名男子否认。其见于欢身上没有明显伤痕，即告知无论怎样都不能打架。其问谁报警，苏某称是厂里的工人。其走出接待室打电话向值班民警徐某汇报，让徐某过来。其与郭某3上警车商议是否向所长汇报。三四十秒后下车，马某向其讲述情况。其一听接待室异动，立即返回，见宋某拿着一把刀。

7. 证人宋某、郭某3（辅警）的证言与朱某的证言相印证，并证明其二人听到打闹声即返回接待室，见于欢手持一把刀，要求于欢将刀放下，后宋某从于欢手里将刀拿过来。

8.证人徐某（民警）的证言：2016年4月14日下午，郭某1报警称源大公司私刻财务印章。其带辅警赶到现场，郭某1反映苏某欠债不还，引发争吵，其制止并劝双方依法解决。双方无异议，其与辅警撤离。当日22时许，朱某打电话向其介绍源大公司警情，并让其过去。不久朱某又打电话称有人动刀。其赶到源大公司，讯问于欢，并口头传唤于欢、苏某到派出所接受调查。

三、视频资料、现场勘验、检查笔录、鉴定意见和有关书证材料

1.冠县公安局出具的执法记录视频证明：2016年4月14日22时17分，民警朱某和辅警郭某3、宋某驾驶警车到达源大公司，警灯闪烁。朱某进接待室问谁报警、是否有人打架，苏某指认杜某2打于欢耳光，杜某2等否认并称是经济纠纷；苏某称厂里工人报警；民警警告双方不能动手；于欢欲离开被讨债人员阻止。22时22分，朱某和辅警走出接待室，马某反映讨债人员侮辱苏某。朱某打电话。后朱某和辅警走到门厅外，朱某让辅警告诉双方不能动手。22时26分，辅警走进大厅，透过玻璃墙见接待室内杜某

2、程某捂着肚子，于欢、苏某站在接待室东南角，严某、郭某1等站在于欢、苏某对面。辅警从大厅走向接待室门口过程中（时长10秒），于欢持刀分别捅刺严某、郭某1各一刀。辅警进入接待室，让于欢交出刀，于欢称从接待室出去才能交刀，后在辅警连续责令下将刀交出。22时43分，民警徐某对于欢进行讯问。

2. 冠县公安局提取的源大公司监控视频证明：2016年4月14日17时50分后，讨债人员进出源大公司财务室。19时许，苏某、于欢从财务室出来，么某、苗某跟随。20时48分，苏某、于欢、马某、张某1进入接待室。21时53分，在办公楼门口烧烤的讨债人员陆续进入接待室。22时17分，警车到达，民警朱某和辅警郭某3、宋某进入接待室。22时22分，多名讨债人员跟随民警走出接待室，后陆续返回。22时24分，郭某3、朱某从警车右侧上车。约40秒后，郭某3、朱某下车绕到车左侧。此时于某2走到警车左侧。22时26分，郭某3、宋某走进接待室，程某捂肚子、郭某1捂腰部、杜某2被人架着、李某3背着严某先后走出接待室，分乘三辆车离开。

3. 冠县公安局制作的现场勘验笔录及照片证明：现场位于源大公司办公楼一楼接待室。接待室靠东墙放有两张办公桌，桌前各放有一把办公椅，与屋门相对应靠南墙鱼缸西侧放有两张办公桌，靠西墙放有三人沙发，东侧放有茶几，相对应东侧放有一对单人沙发，其中南侧沙发扶手上有鞋印。接待室内及门厅、门口地面有滴落血迹。

4. 冠县公安局出具的提取笔录、扣押物品清单及聊城市公安局出具的 DNA 检验鉴定意见证明：（1）2016 年 4 月 14 日，从于欢处扣押单刃尖刀一把，刀全长 25.8 厘米，刀身长 15.3 厘米，刀柄长 10.5 厘米，刀身最宽处 3.1 厘米。经鉴定，尖刀刀尖、刀刃、刀刃刀柄结合处检出郭某 1 的血迹；刀柄上检出于欢的基因分型和程某的血迹。（2）2016 年 4 月 15 日，从于欢处扣押牛仔裤一条、夹克一件。经鉴定，牛仔裤上检出程某的血迹；夹克上检出于欢和郭某 1 的混合基因分型。（3）在接待室及大厅内、门厅台阶附近提取的多处暗红色斑迹上分别检出郭某 1、杜某 2 的血迹及郭某 1、程某的混合血迹。

5. 冠县公安局出具的尸体检验鉴定意见证明：杜某 2 上腹部正中见一纵行 2 厘米 ×0.5 厘米哆开创口，深达腹腔，创道长 15 厘米，造成肝固有动脉 2 厘米裂伤口及肝右叶下侧面裂伤长 4 厘米、深 8 厘米。该损伤符合被他人用锐性致伤物（如单刃尖刀类）在外力作用下所形成。杜某 2 系腹部损伤后造成肝固有动脉裂伤及肝右叶创伤导致失血性休克死亡。

6. 聊城市公安局出具的理化检验鉴定意见证明：在死者杜某 2 心血中检出乙醇成分，含量 148 毫克/100 毫升。

7. 司法鉴定科学技术研究所出具的人体损伤检验鉴定意见证明：郭某 1 右腰背部有长 4 厘米皮肤裂伤，深达胸腔，右肺下叶不张，右胸腔积液（血），术中突发心跳骤停，未能施行开胸手术，经积极引流及输注红细胞、血浆得以保全生命。评定为重伤二级。

8. 冠县公安局出具的人体损伤检验鉴定意见证明：（1）严某左腹部见长 4 厘米横斜行皮肤创伤，符合锐性外力所形成。左腹部外伤后，造成小肠距屈氏韧带 100 厘米处贯通伤，有肠内容物溢出。属重伤二级。（2）程某左胸部锁骨中线第 6、7 肋间可见长 2.8 厘米横斜行皮肤创伤，符合锐性外力作用下所形成。属轻伤二级。（3）于欢左项部见长 1.1 厘米横行表皮剥脱，右肩部可见多处小范围皮下出血，符合钝性外力作用下所形成，不构成轻微伤。

9. 冠县公安局提取的借款合同、房屋买卖合同、电子银行回单、房产证证明：（1）苏某、于某 1 于2014 年 7 月 28 日签订借款 100 万元合同，同日赵某

1 账户向苏某账户汇款 100 万元。（2）冠县名仕花园某幢某单元 1111，房屋产权人于某 1，房屋建筑面积 165.61 平方米。房屋买卖合同卖方于某 1、苏某，买方项空缺。成交价格 35 万元，2015 年 11 月 1 日先付 25 万元，余下房款 11 月 2 日还该房贷款 10 万元，卖方给买方办理过户手续。11 月 1 日赵某 1 账户向苏某账户汇款 35 万元。

10. 冠县公安局出具的接处警登记表、接处警详情、情况说明证明：2016 年 4 月 1 日，苏某报警称其名仕花园小区住房门锁被换，两万元现金被盗。经现场勘验，未发现有涉及盗窃案件价值的痕迹物证。同月 13 日 11 时 17 分，冠县公安局崇文派出所接 110 指令，名仕花园小区最东边楼有人闹事。民警赶到该楼 11 楼西户，发现吴某等在房内搬东西，吴某向民警出示二手房买卖合同。苏某到场后，吴某责骂苏某欠钱不还，苏某承认欠债，并承认已将房产证交给吴某。民警告知双方协商或通过法律程序解决，双方同意。民警离开时，吴某让苏某留下，民警告知吴某不能阻止苏某离开，同时提醒苏某可以随时给民警打电话。民警下楼后，打电话再次告知吴某无权阻止苏某离开，吴某同意。14 日 16 时 27 分，郭某 1 打电话报警称源大公司私刻财务印章。当日 22 时 07 分，刘某打电话报警称源大公司有人打架。

11.冠县公安局出具的户籍材料证明于欢及杜某2、郭某1、严某、程某的出生日期等情况。

四、医疗证明和医生的证言

1.冠县人民医院出具的情况说明、病历、死亡记录证明：为杜某2办理住院登记完毕的时间是2016年4月14日22时42分55秒。杜某2经抢救于15日零时27分心跳骤停，抢救至15日2时18分，心跳不恢复，临床死亡，死亡诊断为失血性休克。

2.冠县人民医院的病历、解放军总医院的住院病案及收费票据证明：2016年4月14日至5月9日，严某在冠县人民医院抢救，CT检查提示假性动脉瘤不除外，建议转院治疗；5月12日至21日，严某在解放军总医院治疗，共支付医疗费49693.47元。同年4月14日至23日，程某在冠县人民医院治疗。

3.证人李某2、赵某2（均系医生）的证言：2016年4月14日22时许，杜某2被搀扶到该院急诊科，该院马上进行抢救。杜某2到医院时状态已经非常不好，意识模糊，烦躁状态，面色苍白，呼吸急促。鉴于病情危重，急送重症监护室。转到重症监护室时，杜某 2 已经昏迷，测不出体温、血压，遂进行输液、输血，上呼吸机。持续抢救到次日 1 时许，杜某 2 临床死亡。整个救治过程按照救治流程操作。事后听说有一辆送病人的车将医院限行杆撞断，未听说与保安发生冲突。

五、检察机关补充提取的证据

1. 聊城市人民检察院提取的银行转账凭证证明：2014 年 7 月 28 日至 2015 年 10 月 20 日，苏某账户向赵某 1 账户共计汇款 154 万元；2015 年 11 月 2 日至 2016 年 1 月 6 日，苏某账户向赵某 1 账户共计汇款 29.8 万元。

2. 聊城市人民检察院提取的通话清单证明：苏某手机于 2016 年 4 月 13 日 10 时 56 分拨打 110 并通话，同日 15 时 17 分、17 时 31 分、18 时 01 分拨打 063512345（市长热线）并通话；于某 1 手机于 2016 年 4 月 13 日 12 时 43 分拨打 110 并通话，当日 12 时 46 分、14 时 37 分、16 时 11 分拨打 063512345 并通话。

3. 冠县公安局制作的侦查实验笔录证明：2017 年 4 月 10 日 22 时 31 分至 23 时 22 分，侦查人员对从源大公司至相关医院抢救路线进行驾车实验，实验结果分别是到县人民医院 6.9 公里，用时约 9 分钟；到县中医院 5.2 公里，用时约 7 分钟。

综合考虑各上诉人的上诉意见、辩护人的辩护意见、山东省人民检察院的出庭意见、被害人及各诉讼代理人的意见，庭审调查的证据和查明的事实，根据相关法律规定，本院评判如下：

一、关于事实和证据

1. 上诉人于欢所提苏某实际是向吴某借款，原判未认定吴某、赵某 1 多次纠集人员对苏某暴力索债，案发时杜某 2 等人受吴某、赵某 1 指使，采用非法限制自由的方式讨债并对于欢、苏某侮辱、殴打的上诉意见和山东省人民检察院的相关出庭意见，与查明的事实基本相符，本院予以采纳。

2. 上诉人于欢及其辩护人所提原判未认定杜某 2 受伤后自行驾车前往冠县人民医院，而未去距离更近的冠县中医院，且到医院后还与门卫发生冲突，延误救治，导致失血过多死亡的上诉意见及辩护意见，与查明的事实不符。经查，多名证人反映杜某 2 是由杜某 7 驾车送医院治疗，而非自行前往；选择去人民医院而未去更近的中医院抢救，是因为人民医院是当地最好且距离也较近的医院，侦查实验证明从现场前往人民医院较前往中医院仅多约 2 分钟车程。故对于欢及其辩护人的该上诉意见及辩护意见，本院不予采纳。

3. 关于辩护人所提认定于欢犯故意伤害罪证据不足的相关辩护意见：（1）所提侦查机关对现场椅子是否移动、椅子上是否有指纹等事实未能查清的辩护意见，或者与查明的事实不符，或者对本案定罪量刑缺乏价值。（2）所提公安、检察机关有人与案件存在利害关系，两机关所收集的证据不应采信的辩护意见，经查，冠县公安局和冠县人民检察院依法收集的相关证据，客观真实地证明了案件相关事实，本案亦不存在依法应予回避的情形，故相关证据可作定案证据使用。（3）所提讨债人员串供、醉酒，应当排除其证言的辩护意见，经查，案发后讨债人员仅就涉案高息借贷的实际发放者进行串供，该节事实不影响本案定罪量刑，原审及本院亦未采信相关证据；没有证据证明讨债人员就其他事实有过串供，讨债人员对有关案件事实的证言能够得到在案其他证人证言及被告人供述和辩解等证据的印证；案发当天讨债人员大量饮酒属实，但没有证据证明讨债人员因为醉酒而丧失作证能力，排除其证言于法无据。故对辩护人的上述辩护意见，本院不予采纳。

4. 被害人及其诉讼代理人所提原判未认定作案尖

刀系管制刀具，来源未能查清的意见，经查，根据外观特征认定本案的作案工具为尖刀，并无不当；只有被害人郭某1一人陈述于欢从身上拿出尖刀，该陈述与在场的其他被害人陈述及有关证人证言等证据不符，且该尖刀是否为于欢事前准备，不影响于欢的行为是否具有防卫性质的认定。故对上述意见，本院不予采纳。

5. 辩护人当庭提交的3份新证据材料，出庭检察员当庭提交的有关苏某计划外生育被罚款的收费收据、于欢父亲于某1身份信息的新证据材料，或者不具有客观性，或者与案件无关联性，本院不予采信。

二、关于法律适用

1. 上诉人于欢的行为是否具有防卫性质。上诉人及其辩护人、出庭检察员均认为，于欢的行为具有防卫性质；被害人及其诉讼代理人认为，于欢的捅刺行为不具备正当防卫的前提条件。

经查，案发当时杜某2等人对于欢、苏某实施了限制人身自由的非法拘禁行为，并伴有侮辱和对于欢间有推搡、拍打、卡项部等肢体行为。当民警到达现场后，于欢和苏某欲随民警走出接待室时，杜某2等人阻止二人离开，并对于欢实施推拉、围堵等行为，在于欢持刀警告时仍出言挑衅并逼近，实施正当防卫所要求的不法侵害客观存在并正在进行。于欢是在人身安全面临现实威胁的情况下才持刀捅刺，且其捅刺的对象都是在其警告后仍向前围逼的人，可以认定其行为是为了制止不法侵害。故原判认定于欢捅刺被害人不存在正当防卫意义上的不法侵害确有不当，应予纠正；对于欢及其辩护人、出庭检察员所提于欢的行为具有防卫性质的意见，本院予以采纳；对被害人及其诉讼代理人提出的相反意见，本院不予采纳。

2. 上诉人于欢的行为是否属于特殊防卫。辩护人提出，根据有关司法解释，讨债人员的行为构成抢劫罪，于欢捅刺抢劫者的行为属特殊防卫，不构成犯罪；出庭检察员、被害人及其诉讼代理人持反对意见。

根据刑法规定，对正在进行的行凶、杀人、抢劫、强奸、绑架以及其他严重危及人身安全的暴力犯罪，公民有权进行特殊防卫。但本案并不存在适用特殊防卫的前提条件。经查，苏某、于某1系主动通过他人协调、担保，向吴某借贷，自愿接受吴某所提10%的月息。既不存在苏某、于某1被强迫向吴某高息借贷的事实，也不存在吴某强迫苏某、于某1借贷的事实，与司法解释有关强迫借贷按抢劫罪论处的规定不符。故对辩护人的相关辩护意见，本院不予采纳；对出庭检察员、被害人及其诉讼代理人提出的于欢行为不属于特殊防卫的意见，本院予以采纳。

3.上诉人于欢的防卫行为是否属于防卫过当。于欢提出其行为属于正当防卫或防卫过当，其辩护人提出于欢的防卫行为没有超过必要限度，属于正当防卫；出庭检察员提出，于欢的行为属于防卫过当。

根据刑法规定，正当防卫明显超过必要限度造成重大损害的，属于防卫过当，应当负刑事责任。评判防卫是否过当，应当从不法侵害的性质、手段、紧迫程度和严重程度，防卫的条件、方式、强度和后果等情节综合判定。根据本案查明的事实及在案证据，杜某2一方虽然人数较多，但其实施不法侵害的意图是给苏某夫妇施加压力以催讨债务，在催债过程中未携带、使用任何器械；在民警朱某等进入接待室前，杜某2一方对于欢母子实施的是非法拘禁、侮辱和对于欢拍打面颊、揪抓头发等行为，其目的仍是逼迫苏某夫妇尽快还款；在民警进入接待室时，双方没有发生激烈对峙和肢体冲突，当民警警告不能打架后，杜某2一方并无打架的言行；在民警走出接待室寻找报警人期间，于欢和讨债人员均可透过接待室玻璃清晰看见停在院内的警车警灯闪烁，应当知道民警并未离开；在于欢持刀警告不要逼过来时，杜某 2 等人虽有出言挑衅并向于欢围逼的行为，但并未实施强烈的攻击行为。即使四人被于欢捅刺后，杜某 2 一方也没有人对于欢实施暴力还击行为。于欢的姑母于某 2 证明，在民警闻声返回接待室时，其跟着走到大厅前台阶处，见对方一人捂着肚子说"没事没事，来真的了"。因此，于欢面临的不法侵害并不紧迫和严重，而其却持利刃连续捅刺四人，致一人死亡、二人重伤、一人轻伤，且其中一人即郭某 1 系被背后捅伤，应当认定于欢的防卫行为明显超过必要限度造成重大损害。故对出庭检察员及于欢所提本案属于防卫过当的意见，本院予以采纳；对辩护人所提于欢的防卫行为未超过必要限度的意见，本院不予采纳。

4.上诉人于欢的行为是否构成故意杀人罪。被害人杜某 2 近亲属委托的诉讼代理人提出，于欢的行为构成故意杀人罪。经查，虽然于欢连续捅刺四人，但捅刺对象都是当时围逼在其身边的人，未对离其较远的其他不法侵害人进行捅刺，亦未对同一不法侵害人连续捅刺。可见，于欢的目的在于制止不法侵害并离开接待室，在案证据不能证实其具有追求或放任致人死亡危害结果发生的故意。故对上述代理意见，本院不予采纳。

5.上诉人于欢是否构成自首。于欢及其辩护人提出，于欢构成自首。经查，执法记录视频及相关证据证明，在于欢持刀捅人后，在源大公司院内处警的民警闻声即刻返回接待室。民警责令于欢交出尖刀，于欢并未听从，而是要求先让其出去，经民警多次责令，于欢才交出尖刀。可见，于欢当时的表现只是未抗拒民警现场执法，并无自动投案的意思表示和行为，依法不构成自首。故对此上诉意见和辩护意见，本院不予采纳。

三、关于刑罚裁量

上诉人于欢及其辩护人提出，于欢具有自首情节，平时表现良好，且被害方有严重过错等从宽处罚情节，原判量刑畸重；出庭检察员提出，对于欢依法应当减轻或免除处罚；被害人及其诉讼代理人提出，应当维持原判量刑。

经查，在吴某、赵某1指使下，杜某2等人除在案发当日对于欢、苏某实施非法拘禁、侮辱及对于欢间有推搡、拍打、卡项部等肢体行为，此前也实施过侮辱苏某、干扰源大公司生产经营等逼债行为。于欢及其母亲苏某连日来多次遭受催逼、骚扰、侮辱，导致于欢实施防卫行为时难免带有恐惧、愤怒等因素。对于欢及其辩护人所提本案被害方存在严重过错、原判量刑畸重等上诉意见和辩护意见，本院予以采纳。

本院还查明，本案系由吴某等人催逼高息借贷引发，苏某多次报警后，吴某等人的不法逼债行为并未收敛。案发当日被害人杜某2曾当着于欢之面公然以裸露下体的方式侮辱其母亲苏某，虽然距于欢实施防卫行为已间隔约二十分钟，但于欢捅刺杜某2等人时难免不带有报复杜某2辱母的情绪，在刑罚裁量上应当作为对于欢有利的情节重点考虑。杜某2的辱母行为严重违法、亵渎人伦，应当受到惩罚和谴责，但于欢在实施防卫行为时致一人死亡、二人重伤、一人轻伤，且其中一重伤者系于欢持刀从背部捅刺，防卫明显过当。于欢及其母亲苏某的人身自由和人格尊严应当受到法律保护，但于欢的防卫行为超出法律所容许的限度，依法也应当承担刑事责任。认定于欢行为属于防卫过当，构成故意伤害罪，既是严格司法的要求，也符合人民群众的公平正义观念。

根据刑法规定，故意伤害致人死亡的，处十年以上有期徒刑、无期徒刑或者死刑；防卫过当的，应当减轻或者免除处罚。于欢的防卫行为明显超过必要限度造成重大伤亡后果，减轻处罚依法应当在三至十年有期徒刑的法定刑幅度内量刑。于欢在民警尚在现场调查，警车仍在现场闪烁警灯的情形下，为离开接待

室而持刀防卫，为摆脱对方围堵而捅死捅伤多人，且
除杜某2以外，其他三人并未实施侮辱于欢母亲的行
为。综合考虑于欢犯罪的事实、性质、情节和危害后
果，对出庭检察员所提对于欢减轻处罚的意见，本院
予以采纳；对被害人及其诉讼代理人所提维持原判量
刑的意见，本院不予采纳。

四、关于诉讼程序

上诉人于欢提出，本案存在办案机关违反回避规
定的情形。经查，被害人杜某2确有亲属在冠县检察
机关、政府部门任职，但此事实并非法定的回避事
由，本案也不存在刑事诉讼法规定的其他应予回避或
移送、指定管辖的情形。故对上述意见，本院不予
采纳。

本院认为，上诉人于欢持刀捅刺杜某2等四人，
属于制止正在进行的不法侵害，其行为具有防卫性
质；其防卫行为造成一人死亡、二人重伤、一人轻伤
的严重后果，明显超过必要限度造成重大损害，构
成故意伤害罪，依法应负刑事责任。鉴于于欢的行
为属于防卫过当，于欢归案后能够如实供述主要罪
行，且被害方有以恶劣手段侮辱于欢之母的严重过
错等情节，对于欢依法应当减轻处罚。于欢的犯罪
行为给上诉人杜某1、许某、李某1、杜某3、杜某

4、杜某 5、杜某 6 和原审附带民事诉讼原告人严某、程某造成的物质损失，应当依法赔偿。上诉人杜某 1 等所提判令于欢赔偿死亡赔偿金、被抚养人生活费的上诉请求于法无据，本院不予支持，对杜某 2 四名未成年子女可依法救济。原判认定于欢犯故意伤害罪正确，审判程序合法，但认定事实不全面，部分刑事判项适用法律错误，量刑过重，依法应予改判。依照《中华人民共和国刑法》第二百三十四条第二款、第二十条、第六十七条第三款、第六十三条第一款、第六十一条、第三十六条第一款、《中华人民共和国刑事诉讼法》第二百二十五条第一款第三项及《最高人民法院关于适用〈中华人民共和国刑事诉讼法〉的解释》第一百五十五条第一款、第二款的规定，判决如下：

一、驳回上诉人（原审附带民事诉讼原告人）杜某 1、许某、李某 1、杜某 3、杜某 4、杜某 5、杜某 6 的上诉，维持山东省聊城市中级人民法院（2016）鲁 15 刑初 33 号刑事附带民事判决第二项、第三项、第四项附带民事部分；

二、撤销山东省聊城市中级人民法院（2016）鲁 15 刑初 33 号刑事附带民事判决第一项刑事部分；

三、上诉人（原审被告人）于欢犯故意伤害罪，判处有期徒刑五年（刑期从判决执行之日起计算。判决执行以前先行羁押的，羁押一日折抵刑期一日，即自 2016 年 4 月 15 日起至 2021 年 4 月 14 日止）。

　　本判决为终审判决。

　　　　　　　　　　　　　审判长　吴　靖

　　　　　　　　　　　　　审判员　刘振会

　　　　　　　　　　　　　审判员　王文兴

　　　　　　　　　二〇一七年六月二十三日

　　　　　　　　　书记员　姚颖博　张　坤

编 后 记

2018 年 8 月 27 日，江苏省昆山市震川路发生的于海明致刘海龙死亡案（即“昆山砍人案”）引起社会广泛关注。9 月 1 日，昆山市公安局通报：于海明的行为属于正当防卫。

人身安全是每个公民最基本的要求。面对不法行为，法律应当引导鼓励公民勇于自我救济。我们编写《“昆山砍人案”与正当防卫》这本普法读物，就是为了更好地唤起社会正义感，让每一位公民有自信有担当地尊重自己和他人的合法权益。

本书在编写过程中，已尽全力联系相关作者，但仍有部分媒体与学者未能联系到，希望得到你们的谅解，并请及时联系我们，联系邮箱为 zhanglipress@126.com，我们尽快奉寄样书与稿酬。

本书编写组

2018 年 9 月

责任编辑：张　立
封面设计：林芝玉
版式设计：王　婷
责任校对：张　彦

图书在版编目（CIP）数据

"昆山砍人案"与正当防卫 /《"昆山砍人案"与正当防卫》
　编写组编 . —北京：人民出版社，2018.10
ISBN 978 - 7 - 01 - 019937 - 5

I. ①昆…　II. ①昆…　III. ①正当防卫 - 研究 - 中国

　IV. ① D924.04

中国版本图书馆 CIP 数据核字（2018）第 231702 号

"昆山砍人案"与正当防卫
KUNSHAN KANREN AN YU ZHENGDANGFANGWEI

本书编写组　编

人民出版社 出版发行
（100706　北京市东城区隆福寺街 99 号）

北京中科印刷有限公司印刷　新华书店经销

2018 年 10 月第 1 版　2018 年 10 月北京第 1 次印刷
开本：880 毫米 ×1230 毫米 1/32　印张：3.875
字数：65 千字　印数：0,001-5,000 册

ISBN 978 - 7 - 01 - 019937 - 5　定价：28.00 元

邮购地址 100706　北京市东城区隆福寺街 99 号
人民东方图书销售中心　电话（010）65250042　65289539